판문점과 비무장지대

이태호 사회평론가, 전 동아방송, 평화신문

구와바라 시세이 다큐멘터리 사진가

김봉규 사진가, 한겨레신문

박진희 사진가, 신화사통신

윤석봉 사진가, 전 로이터통신

이창성 사진가, 전 중앙일보

이해용 기자, 연합뉴스

전대식 사진가, 전 평화신문

전민조 사진가, 전 동아일보

판문점과 비무장지대

– 공동경비구역 JSA와 DMZ

글 이태호, 사진 전민조 외

초판 1쇄 발행일 —— 2013년 7월 27일

발행인 —— 이규상

편집인 —— 안미숙

발행처 —— 눈빛출판사

　　　　　서울시 마포구 상암동 1653 이안상암 2단지 506호

　　　　　전화 336-2167 팩스 324-8273

등록번호 —— 제1-839호

등록일 —— 1988년 11월 16일

편집·진행 —— 성윤미

출력·인쇄 —— 예림인쇄

제책 —— 일광문화사

값 29,000원

Copyright ⓒ 2013 by Noonbit Publishing Co.,
Printed in Korea
ISBN 978-89-7409-236-8

PANMUNJOM, JOINT SECURITY AREA & DEMILITARIZED ZONE

Edited by Noonbit Archives

정전협정 60주년 특별기획

판문점과 비무장지대

공동경비구역 JSA와 DMZ

글

이태호

사진

구와바라 시세이

김봉규

박진희

윤석봉

이창성

이해용

전대식

전민조

눈빛

판문점에서 바라본 돌아오지 않는 다리. 1960.

이 책을 펴내며

이태호

모든 전쟁은 비극이다. 6·25전쟁은 동족상잔의 재앙이요, 양대 이데올로기의 충돌이었다는 점에서 고통을 더욱 심화시켰다. 이 전쟁의 후유증을 치유하고, 더 큰 전쟁을 예방하며, 양대 이데올로기의 갈등을 해소하고 한반도에서 평화를 이룩하려는 노력이 반드시 필요하다는 사실에 이론을 제기할 사람은 없을 것이다.

6·25전쟁의 참상을 딛고 민족 분단의 시련을 극복하면서 본시 하나였던 상태로 되돌아가려는 우리 민족은 현재 세계에서 유일한 분단 민족이라는 사실만으로 세계인의 이목을 받고 있다. 판문점과 DMZ는 이러한 과업을 성취하기 위한 전초기지다. 통일의 비원이 서려 있는 판문점, 민족의 아픔이 녹아 있는 DMZ를 우리가 어찌 찰나라도 잊을 수 있겠는가.

미국, 일본, 러시아, 중국 등 4대 강국의 틈바구니에서 끊임없는 외세의 침탈을 이겨내고 반만 년의 역사를 지켜 온 우리 민족은 이 판문점과 DMZ를 사이에 두고 때로는 격렬하게 대립해 왔지만, 통일의 비원을 실현하고 민족의 아픔을 해소하기 위해 끊임없이 대화하고 있다.

그리고 우리 민족뿐 아니라 정전협정의 당사자로서 유엔측과 공산측이 전쟁의 후유증을 줄이고, 전쟁의 재발을 방지하며, 한반도의 평화를 통해 세계 평화를 이룩하기 위해 판문점과 DMZ에서 함께 지혜를 모으고 있다.

2013년은 1953년 7월 27일 판문점에서 정전협정이 조인되고, 평화를 향한 대장정이 시작된 지 60년이 된 해다. 동양에서 60년은 회갑이요, 육십갑자로 이뤄진 순환표에서 처음으로 돌아간다는 의미를 내포하고 있다. 우리 민족이 이제 하나 되어야 한다는 강력한 메시지를 정전협정 조인 60주년은 한민족 공동체의 구성원과 평화를 사랑하는 세계인에게 던져 주고 있다.

우리는 이 뜻깊은 해에 판문점으로 명명되는 JSA와 비무장지대인 DMZ가 생긴 배경과 경위 그리고 그 적나라한 실상을 묘사한 글과 생생한 현장 사진을 통해 우리 민족의 고난의 발자취와 지금 풀어야 할 과제 그리고 미래의 꿈을 한 권의 책에 담기 위해 고심했다. 그 결과 아군과 적군으로 갈라져 싸운 우리 민족과 전쟁에 참여한 세계인들의 신음이 배어 있고, 자유와 평화와 행복을 위한 갈증을 절실하게 전하는 사진들을 우리는 엄숙한 마음으로 상재한다. 귀중한 사진들을 제공해 주신 구와바라 시세이, 김봉규, 박진희, 윤석봉, 이창성, 이해용, 전대식, 전민조 님과 외신기자 여러분께 감사한다.

이 시각에도 판문점과 DMZ 주변은 삼엄한 경계가 펼쳐지고 있다. 이런 가운데도 남과 북이 대화의 길을 터놓고 있으며, 국내외에서 이곳을 찾는 관광객들이 끊이지 않고 있다. 이 사실은 판문점과 DMZ가 절망의 땅이 아니라 희망의 땅이요, 분열의 쐐기가 아니라 상생의 접합제임을 입증한다.

특정 종교의 창시자일 뿐 아니라 인류의 스승이기도 한 예수 그리스도께서는 로마 병정들의 채찍을 받으며 골고다의 언덕을 올라 십자가에 못 박혀 처형됐지만 사흘날에 부활하시어 죄악에 빠진 인류를 구원하셨으며, 부처님께서는 비단뱀이 득실거린 니련선하(尼連禪河)의 석실에서 정진하고 맨발로 가시밭길을 걷는 고행을 거친 후 진리를 깨달아 중생을 제도하셨다.

우리도 한반도의 통일과 세계 평화를 위해 판문점과 DMZ에서 피와 땀과 눈물을 흘리고, 멀리서 기도하고 성원하는 분들의 꿈을 모아 아름다운 결실을 맺을 것으로 확신하는 동시에 이 책이 한국 현대사의 압축판이요, 세계 평화를 향한 이정표인 판문점과 DMZ를 이해하고 통일에의 행보를 떠받치는 작은 디딤돌이 되기를 소망한다.

2013년 7월

차례

군사분계선 표지판. 판문점. 1965. 사진: 구와바라 시세이

제1장 판문점의 유래와 현황

"네 시작은 미비하였으나, 네 끝은 심히 창대하리라." - 『욥기』 8, 7
"눈 먼 거북이가 바다에서 널빤지를 만나는 것은 불가능에 가깝지만
언젠가는 이뤄진다(盲龜遇木)" - 『잡아함경』 15
"위대한 완성은 이지러진 것 같다. 그러나 그 효용은
다함이 없다.(大成若缺 其用不弊)" - 노자 『도덕경』 45

보잘것없는 출발도 의미가 있으며 마침내 큰일을 이뤄낸다는 점에서 위의 진술들은 동일하다.

미미한 시작이요, 눈 먼 거북이가 바다에서 만난 널빤지요, 위대한 완성에 이르는 이지러진 발자취로서 현대사에 뚜렷이 새겨진 곳이 판문점이다.

유구한 역사를 가진 거대한 중국과 한때 아시아의 요지를 점령했던 일본 사이에서 대륙에 팔을 뻗고 바다로 발을 뻗친 한반도, 그 중간 지점에 하나의 점으로 박힌 판문점이 세계인의 이목을 끄는 이유는 한민족의 비극의 역사를 압축하는 핵이요, 민족의 통일과 세계의 평화를 향한 디딤돌이기 때문이다.

일제가 한반도를 강점한 36년 동안 한민족은 국권의 회복을 위해 끊임없이 항전했다. 일본의 팽창 야욕은 그칠 줄 몰라 한반도를 넘어 중국 대륙과 아시아의 섬나라들을 정복하면서 대동아전쟁을 일으켰다.

이에 유엔군은 일본을 응징하기로 결의하여 히로시마와 나가사키에 원자폭탄을 터뜨려 일본을 1945년 8월 15일 항복시켰다. 조선의 해방은 한민족의 자유와 평화를 위한 불굴의 투쟁과 유엔군의 정의로운 참전의 결과였다.

그러나 일본의 패망이 곧 조선의 완전한 해방을 보장한 것은 아니었다. 외세인 미국과 소련은 일제의 패망으로 국권을 회복한 조선인에게 자주와 자유를 보장하

지 않고 한반도의 남과 북에 주둔하면서 신탁통치를 펴는 주역이 되었다. 그리하여 한반도의 가운데 그어진 38선은 미소 강대국의 한반도 분할 점령을 위한 타협의 산물이 아닐 수 없다.

1945년 8월 15일에 수립된 대한민국 정부와 같은 해 9월 9일 성립한 조선민주주의인민공화국 정부는 이데올로기적으로는 자본주의와 공산주의라는 체제의 대결장이요, 국제정치의 역학관계상 미소 양국의 대리전을 담당한 조직이라는 한계를 지니고 있었다.

여기에 1950년 6월 25일에 시작된 한국전쟁은 자본주의와 공산주의의 대결은 물론 동족상잔의 참극과 유엔군 및 중공군의 희생을 초래한 대재앙으로 기록된다. 인명을 살상하고 문명을 파괴하는 전쟁은 시작이 있으면 끝이 있게 마련이다.

쌍방 간에 일진일퇴를 거듭한 6·25전쟁의 당사자들도 정전의 필요성을 절감했다. 정전회담은 1953년 7월 27일 정전협정으로 포성을 멎게 했다. 그 회담과 협정은 한반도를 군사분계선으로 다시 분할하고 한민족을 세계에서 유일한 분단민족으로 남게 했다. 정전회담과 정전협정이 이뤄지고 그 이후 유엔사령부와 조선인민군 사령부가 설전과 충돌을 거듭하면서도 질서와 평화를 모색하는 애증의 현장, 세계에서 유일하게 국토와 민족이 동강난 분단민족이 갈등과 대결에서 화해와 통일로 가는 관문이 바로 판문점이다.

판문점(板門店)의 옛 이름은 널문리였다. 판문(板門) 즉 널빤지로 이뤄진 문과 판문교(板門橋) 즉 널문다리가 있었다 해서 널문리가 불린 작은 마을. 전설은 이곳에 관해 다음과 같이 전한다.

하나는 임금의 행차와 관련이 있다. 오래전 한 임금이 이곳을 지나려 할 때 냇물이 앞을 막고 있었다. 천하의 임금이라도 토목 기술이 미진했던 당시에 가던 길을 강이나 내가 차단하면 걸음을 멈추고 돌아가거나, 강 또는 내의 연원인 골짜기까지 거슬러 올라가 건너거나, 지극히 가물어 물이 메마른 후에야 강바닥을 딛고 건너야 했다.

임금의 행차가 급할 때는 비상수단을 써야 한다. 수행하던 부하들이 엉거주춤하고 있을 때였다. 그 마을 사람들은 너도나도 대문의 널빤지를 뜯어 임시방편으로 다리를 만들어 임금을 건너게 했다. 그것이 널문다리로 불리었다. 널문다리가 있는 마을 즉 널문리는 이렇게 나온 이름이다.

다른 일화는 짝사랑과 관련이 있다. 이 고을 사또의 아름다운 딸을 사모했던 천민 출신의 총각이 상사병으로 죽고 말았다. 그 후 이곳 사천(沙川)이 자주 범람해 다리가 떠내려가고 논밭이 흙탕물에 잠기고 말았다.

어느 날 밤 사또의 딸이 꿈을 꾸었다. 머리가 셋이나 달린 검은 용이 출현해 "나는 당신을 사랑하다가 죽은 총각인데 내일 사천에 널빤지로 다리를 놓고 제사를 지낸 후 건너면 무사하리라"라고 말하고 사라졌다.

이튿날 사또의 딸이 마을 사람들에게 이 꿈 이야기를 하고 널빤지로 다리를 놓아 건너갔다. 그 순간 돌연히 하늘에서 검은 용이 나타나 사또의 딸을 데리고 하늘로 치솟았다. 그 후부터 강물이 범람하지 않은 것으로 전해져 오고 있다.

판문점은 예언에서도 등장한다. 조선시대의 유명한 예언가 격암(格菴) 남사고(南師古)는 『격암유록(格菴遺錄)』의 삼팔가(三八歌)라는 글에서 "십선반팔삼팔(十線反八三八)이요, 양호역시삼팔(兩戶亦是三八)이며, 무주주점삼팔(無酒酒店三八)이라, 삼자각팔삼팔(三字各八三八)이네"라고 썼다.

그 의미는 십(十)자에 반(反)과 팔(八)을 합하니 널빤지 판(板)이요, 호(戶)자 두 자를 좌우로 합하니 문 문(門)이요, 주점(酒店)에 없는 술 주(酒)자를 떼어내면 가게 점(店)이며, 판문점이란 세 글자가 각각 팔 획으로서 삼팔(三八)이 된다는 것이다. 이것을 종합하면 판문점이 38선에 들어섬을 예고한다.

이처럼 전설과 예언 속에서 떠돌던 널문리는 어떻게 역사에 뿌리를 내렸는가? 경기도 장단군의 『장단군지(長湍郡誌)』는 교량편에 "판문교 송남면에 있다. 옛날 널빤지로 다리를 만들었으므로 그 이름을 붙였다"라고 짧게 기록하고 있다.

주변에 높은 산도 없고, 개울이라고 불러야 마땅한 작은 강에 초라한 널빤지 다리가 덩그렇게 걸쳐진 이 한적한 마을에 듬성듬성 들어선 집과 가게 그리고 거기 살던 서민들은 역사에서는 무명의 존재나 마찬가지였다.

피비린내 나는 전쟁으로 남북한에서 군인과 민간인들이 무참하게 죽어가던 상황에서 전쟁을 한없이 끌어간다는 것은 양쪽 모두에게 부담스러운 일이 아닐 수 없었다. 전쟁을 끝내야 한다는 소망이 유엔군과 조선인민군 및 그를 지원한 중공군 사이에 싹텄다.

리지웨이 유엔군사령관이 인민군에게 마땅한 정전회담 장소를 통보해 줄 것을 제의했다. 인민군은 1951년 10월 7일 "회담 장소를 개성 동남쪽, 송현리 서북쪽에 있는 널문리로 정하자"라고 회답했다. 유엔군은 이튿날 인민군의 안에 동의했다.

널문리에는 초가 세 채와 주점이 콩밭 옆에 있었다. 유엔군은 콩밭에 회담장을 지었다. 유엔군, 중공군, 조선인민군이 당사자로서 참여하는 이 정전회담의 장소는 영어, 중국어, 한글로 표현할 수 있어야 했다. 그런데 널문리는 중국어로 표기할 수 없었다.

세 당사자들은 널문리에서 널문 즉 판문(板門)을 떼고 주점(酒店)에서 점(店)을 떼서 판문점(板門店)이라고 명명하기로 합의했다. 1951년 10월 22일 유엔군과 공산군의 연락 장교단은 회담장의 공식 명칭을 판문점으로 정했다. 이에 따라 영어로는 'Panmunjom', 중국어로는 '板門店', 한글로는 '판문점'이 비천의 상징인 널빤지와 주점을 넘어서서 세계사의 한 축으로 등장한다.

판문점의 장소는 널문리의 남북 양쪽으로 있는 집 네 채(주점 포함)를 중심으로 직경 1킬로미터의 원형 지역으로 결정됐다. 유엔군과 공산군은 지도에 이것을 표시해 서로 교환했다.

유엔군과 공산군은 군사정전위원회 회의실을 군사분계선에 설치하고 회의를 계속했다. 1953년 7월 22일 군사정전위원회 준비위원회에서 유엔군측은 위도(緯度)는 그대로 유지하되 경도(經度)를 옛 판문점에서 동쪽으로 500미터 이전한 지점에 새 판문점을 설정하자고 제의했다. 결국 북위 37도 57분, 동경 126도 40분에 새 판문점을 설정했다.

유엔군과 공산군은 1953년 10월 20일에 열린 군사정전위원회 제26차 본회의부터 새 판문점에서 열었다. 판문점은 북한의 행정구역상 개성직할시 판문점군에 속하고, 대한민국의 행정구역상 경기도 파주시 진서면 어룡리에 속한다. 판문점은 15만 평이며 그 중간을 군사분계선이 가른다.

유엔사령부와 인민군은 정전협정 기구들의 원활한 회의 진행을 위해 회의장 건물과 마당을 공동경비구역(JSA)으로 설정하고 있다. 공동경비구역은 군사분계선을 중심으로 남북 400미터, 동서 800미터의 타원형을 이루고 있다. 유엔군은 이 구역 안에 3개, 인민군은 5개의 초소를 운영하고 있다.

공동경비구역이란 본래 유엔군과 인민군이 공동으로 경비하는 구역이므로 경비병들은 이 구역 안에서는 군사분계선과 상관없이 상대 지역을 오르내릴 수 있었다. 경비병들은 쌍방이 각각 장교 5명과 사병 30명으로 구성된다. 그들은 반자동소

총 또는 권총을 휴대하고 있다.

그러나 1976년 8월 18일 도끼만행사건 이후 '공동' 경비에서 '분할' 경비로 바뀌었다. 즉 유엔군과 인민군 경비병들은 공동경비구역 안에서 군사분계선을 기준으로 자기 쪽 구역만 분할해서 경비하고 있다. 유엔사측 경비는 1991년 10월 1일부터 유엔군사령부 경비대 소속 한국군이 전담하고 있으며 인민군측 경비는 조선인민군 판문점 대표부가 맡고 있다.

그럼에도 불구하고 양쪽 군사정전위원회에 속하는 요원들과 보도진들은 공동경비구역 안의 모든 곳을 자유롭게 출입할 수 있다. 다만 그들은 상대방 건물에는 들어가지 않는 것을 관례로 하고 있다.

공동경비구역에는 24동의 건물이 있다. 이 구역 중심에는 7개의 단층 콘세트가 동서로 늘어서 있다. 그 가운데 있는 것이 군사정전위원회 회의실이다. 군사정전위원회 회의실은 장방형 탁자의 가운데를 지나는 마이크 선과 이 탁자 위에 놓인 유엔기와 북한기가 군사분계선을 사이에 두고 마주 보는 분단의 상징이다.

유엔군사령부는 파란색 콘세트 3동 즉 임시(temporary)의 약자인 T를 따서 T1으로 통하는 중립국감독위원회 회의실, T2로 통하는 군사정전위원회 회의실, T3로 통하는 공동 일직장교 사무실을 관리하며, 인민군은 회색의 콘세트 4동을 관리하고 있다.

공동경비구역 남쪽에 있는 '자유의 집'은 1965년 9월 30일 준공된 팔각정을 중심으로 좌우에 배치된 2층 건물이었다. 이 건물이 노후하자 1998년 7월 9일 신축한 자유의 집은 건물 중앙에 투명한 지붕을 설치한 연건평 1, 437평의 4층 건물이다. '자유의 집' 1층은 로비, 기자실 및 편의시설, 2층은 사무실, 회의실, 대기실, 3층은 남북 연락사무소, 남북 적십자 연락사무소, 대회의실, 4층은 전망대와 다용도 공간으로 구성돼 있다.

공동경비구역 북쪽에 있는 '판문각'은 1964년에 지은 육각정을 헐고 1969년 9월 2층 건물로 신축한 후 1994년 12월 증축한 3층 석조 건물이다. 여기에 북한의 판문점 대표부가 들어서 있다.

공동경비구역 남쪽에 있는 '평화의 집'은 남북관계가 활성화할 것을 예상하고 대한민국이 1989년 12월 19일 준공한 연건평 600평의 3층 석조 건물이다. 이 건물은 1층 귀빈실과 기자실, 2층 회담장, 3층 연회실로 구성돼 있다.

공동경비구역 북쪽에 있는 '통일각'은 '평화의 집'에 대응해 북한이 1992년 준공한 연건평 460평의 지하 1층, 지상 1층의 건물이다. 북한은 이곳에 남북 연락사무소를 두고 북쪽에서 개최된 남북회담이나 회담을 위한 접촉 장소로 활용하고 있다.

공동경비구역 '평화의 집' 뒤쪽 사천에 걸쳐 있는 '돌아오지 않는 다리'의 중앙을 군사분계선이 지나고 있다. 6·25전쟁 중 붙잡힌 남북한 포로들은 정전협정 조인 후 이 다리를 통해 교환됐다. 포로들은 이 다리를 건너면 다시는 돌아올 수 없다 하여 '돌아오지 않는 다리(Bridge of No Run)'로 불리었다. 유엔군은 도끼만행 이후 이 다리의 통행을 금지했다.

북한은 그동안 '돌아오지 않는 다리'로 판문점을 드나들었지만 유엔군이 이 다리를 폐쇄하자 통일각 뒤쪽의 사천에 긴급히 콘크리트 다리를 가설했다. 인민군은 이 다리를 72시간 만에 완성했다. 유엔군사령부는 이 다리를 '72시간 다리'로 명명했다.

유엔측과 북한측 대표로 이뤄진 군사정전위원회는 정전협정이 발효된 1953년부터 북한측이 자기 쪽 대표들을 철수시킴으로써 사실상 군사정전위원회를 마비시킨 1992년까지 459차 본회의를 열어 정전협정의 실시를 감독하며 정전협정의 위반 사건을 협의하여 처리하는 임무를 수행했다.

판문점은 군사정전위원회가 원활한 기능을 수행하지 못하고 있지만 의연히 한반도 문제를 해결하기 위한 대화의 창구, 그리고 소통의 중심 역할을 담당하고 있다. 판문점에 남북회담 연락기구로서 남북연락사무소, 남북적십자회담 연락사무소, 남북회담본부 전방사무소가 설치되고, 남북 직통전화가 33회선 가설된 사실이 이것을 입증한다.

2013년은 정전협정이 체결된 지 60년이다. 동양권에서 인생의 60년은 육십갑자의 조합이 원점으로 돌아온다는 의미에서 환갑이다. 환갑을 맞은 사람은 가족 및 친지들과 함께 새로운 출발을 자축한다. 국제사회에 환갑의 개념을 원용하면 대한민국과 조선민주주의인민공화국, 그리고 6·25전쟁 참전국들은 정전협정 60주년에 한반도의 평화를 위해 새로운 각오와 상호 이해를 증진할 필요성을 제기하고 있다.

그러나 북한측은 한국과 미국의 키졸브 훈련을 이유로 여러 차례 정전협정의 무효화를 선언한 이래 정전협정 조인 60주년인 2013년 3월 11일에 남북연락사무소 간의 직통전화까지 차단했다. 이것은 정전협정이 흔들리고 남북한 관계가 경색 내지 차단국면으로 접어들었음을 의미한다.

그럼에도 불구하고 유엔과 남북한 국민은 한반도에 다시 전쟁이 일어나서 파국을 초래하기보다는 평화로 문제를 해결해야 한다는 인식을 공유하고 있다. 판문점은 꿈에도 소원인 통일로 가는 지름길이요, 대화와 협상의 창구요, 화해와 상생의 한마당이다.

남북한이 정전협정을 기반으로 하여 진행해 온 한반도의 통일을 위한 노력은 일시적으로는 교착상태에 빠질지라도 면면히 이어져서 한반도에 서광을 비출 것으로 평화를 사랑하는 남북한 국민과 세계인은 믿고 있다.

조그만 시골 마을이었던 판문점은 구약성경 『욥기』의 미비한 시작이었지만 창대한 끝으로, 『잡아함경』의 창해에서 눈 먼 거북이를 살리는 널빤지로, 『도덕경』의 이지러진 것 같지만 위대한 완성으로 자리매김할 것이다.

위, 미국에서 특파된 기자단이 38선 지역을 답사 취재하고 있다. 아래, 개성 근교를 행군중인 소련군 병사들. 왼쪽 위, 연합군이 제2차 세계대전에서 승리하면서 한반도에 미군과 소련군이 진주했다. 사진은 개성에서 미군과 조우한 소련군 부대. 이들은 미군의 북진을 제지했다. 아래, 미 제7사단 32연대에 무장해제를 당하는 일본군.

위, 남북협상을 위해 38선을 통과중인 백범 김구 일행(왼쪽
은 선우진 비서 오른쪽은 김구의 아들 김신). 왼쪽 위, 전재
산을 보따리에 짊어진 한국인 가족이 미군이 보초를 서고
있는 남북 경계선에 도착했다. 왼쪽 아래, 1947년 봄 미군은
공산군이 넘어오는 것을 막기 위해 38선의 남쪽에 경비초
소를 세웠다. 사진은 개성 근처 12번 전초지에 근무중인 미
군 초병.

위, 첫 정전회담 장소인 개성의 래봉장(來鳳莊). 아래,
정전회담 유엔군측의 휴게소로 사용한 덕암동 인삼장.
1951. 7.

위, 정전회담장에 나타난
공산측 대표. 오른쪽부터
중공군 대표 쉬펑(謝芳),
띵화(鄧華), 가운데가 남
일 대장, 리상조 소장, 장
평산 소장. 개성, 1951. 7.
16. 아래, 첫 정전회담 장
소였던 개성의 래봉장. 개
성, 1951. 7. 8.

위, 정전회담장의 북한측과 중공
군측 대표. 개성 래봉장, 1951. 7.
8. 아래, 정전회담장으로 쓰인 래
봉장 내부. 개성, 1951. 7. 18.

정전회담장의 유엔군측. 왼쪽은 참모 이수영 중령, 그 옆은 키니 대령. 개성 래봉장, 1951. 7. 8.

위, 비무장지대 분계선을 긋고 있는 유엔군 머레이 대령과
북한측 장평산 대좌. 개성 래봉장, 1951. 11. 오른쪽 위, 정
전회담장 부근의 유엔군측 헬기 기장과 북한측 안내원. 개
성, 1951. 7. 8. 오른쪽 아래, 헬기에서 내린 유엔군측 정전
회담 실무자를 맞이하는 북한측 실무자들. 개성, 1951. 7. 8.

25

위·왼쪽 위·아래, 정전회담 북한측 대표 남일·조평산·
리상조. 개성 래봉장 앞, 1951. 11.

위·아래. 정전회담 북측 대표 남일. 개성. 1951.
오른쪽. 래봉장 앞에서 대기중인 북한군 운전병.
개성. 1951. 7. 15.

위, 정전회담 반대시위중인 시민들. 서울, 1951. 7. 11.
왼쪽 위, 실무협의중인 남북 대표. 아래는 유엔군측 정
전회담 대표 일행. 1951.

THE KOREAN WAR: BRITISH TROOPS IN ACTION, AND THE PANMUNJOM LIAISON TRUCE TALKS.

BRITISH AWARDS IN KOREA: THE PARADE AT WHICH MAJOR-GENERAL CASSELS, COMMANDING THE 1ST COMMONWEALTH DIVISION, MADE PRESENTATIONS TO OFFICERS AND MEN OF THE 28TH BRIGADE.

A SCENE TYPICAL OF RECENT HARD-WON VICTORIES: AMERICAN AND GREEK TROOPS RESTING AFTER THEIR CAPTURE OF A HILL.

NORTH OF THE IMJIN RIVER: STRETCHER-BEARERS MAKING THEIR WAY THROUGH A HEAVILY SHELLED WOOD TO A FORWARD POSITION OF THE K.S.L.I.

WATCHING THE PROGRESS OF THE K.S.L.I. AND THE K.O.S.B.: THE DIVISIONAL COMMANDER, MAJOR-GENERAL CASSELS, WITH (ON HIS RIGHT) BRIGADIER GEORGE TAYLOR OF THE 28TH BRIGADE.

THE TALKS TO RESUME THE TALKS: THE BATTERED MARQUEE AT PANMUNJOM, IN WHICH U.S. AND COMMUNIST LIAISON OFFICERS DISCUSSED THE POSSIBILITY OF RESUMPTION.

THE OPENING OF THE DISCUSSIONS TO REOPEN ARMISTICE TALKS: U.N. AND COMMUNIST REPRESENTATIVES ENTER THE CONFERENCE ON OCTOBER 10.

On October 10, after several weeks during which Notes were exchanged, discussions between liaison officers were opened at Panmunjom to explore the possibility of actually reopening the armistice talks. For some days there was deadlock as to the actual area of neutral ground which would be required, the Communists requiring a neutralised zone of some 175 square miles, General Ridgway preferring one of 20 square miles. On October 18 General Ridgway said he was prepared to accept an area of 40 square miles and by October 21 it appeared likely that the actual armistice talks might be resumed within a few days at the Panmunjom site, which would be marked, it was reported, by brightly coloured barrage balloons. In the meanwhile the United Nations advance was continuing steadily, but slowly and at considerable cost, all along the front. It was believed that the Communist " winter line " was beginning to crumble, and on October 21 it appeared likely that the Communist fortress at Kumsong would fall. The Commonwealth 28th Brigade had been in action north of the Imjin River.

영국군의 활동과 판문점 정전회담 경과를 보도한 영국 일러스트레이티드 런던 뉴스지. 1951. 10. 27. 오른쪽, 1951. 11. 3.

THE WAR IN KOREA: THE ARMISTICE TALKS REOPEN AND THE FIGHTING CONTINUES.

THE NEW CHINESE REPRESENTATIVE AT THE ARMISTICE TALKS: GENERAL PIEN CHANG WU, WITH HIS AIDES, WALKING PAST COMMUNIST GUARDS DURING THE FIRST DAY'S TALKS AT PANMUNJOM ON OCTOBER 24.

THE SCENE OF THE RESUMED KOREAN ARMISTICE TALKS: THE TINY VILLAGE OF PANMUNJOM FROM THE AIR, SHOWING THE BIG TENT IN WHICH THE TALKS TAKE PLACE.

AN AERIAL PHOTOGRAPH WHICH SHOWS THE INSIGNIFICANCE OF THE TINY VILLAGE OF PANMUNJOM, LYING ACROSS THE ROAD FROM THE CONFERENCE TENT (CENTRE).

THE ARMISTICE AREA AT PANMUNJOM IS MARKED WITH ORANGE, CERISE AND YELLOW BALLOONS, WHICH ARE ILLUMINATED BY NIGHT BY SEARCHLIGHTS, ONE OF WHICH IS SHOWN ABOVE.

CANADIANS IN KOREA: TROOPERS OF THE ROYAL CANADIAN REGIMENT ADAPTING CHINESE DEFENCE POSITIONS TO THEIR OWN USE IN A FORWARD POSITION.

A COMMUNIST SURRENDER ON "HEARTBREAK RIDGE," ONE OF THE SERIES OF STRONGLY-HELD COMMUNIST POSITIONS, THROUGH WHICH U.N. TROOPS HAVE BEEN FIGHTING THEIR WAY.

Late on October 23 the Communist command in Korea ratified the liaison officers' agreement to the terms for the resumption of the armistice talks; and on October 24 these talks, which had been broken off in August, were resumed. The new discussions are taking place in a large tent erected at the tiny village of Panmunjom. The area of the talks has been demarcated by coloured balloons which are illuminated at night, and various agreements have been concluded to avoid unnecessary complaints over "incidents." The talks opened in a friendly atmosphere and the U.N. representatives offered a new buffer zone. On October 25 the Communists made a counter-offer, which however showed that at least they were not intransigently wedded to the idea of the 38th Parallel. On October 27, the U.N. representatives said that this offer was not acceptable to them and that their original offer was open only to minor modifications.

유엔군측 정전회담 대표단 임시 야전숙소.
판문점, 1951. 11. 1.

판문점, 1952. 5. 15.

위, 판문점, 1952. 오른쪽 위, 정전회담장을 나서고 있
는 북한측 대표 남일. 1951. 11. 28. 오른쪽 아래, 회담장
으로 들어서고 있는 북한측 대표 일행. 판문점, 1952. 6.
15.

위. 회담 진행을 안내하는 북한군 여군. 1952. 왼쪽 위·
아래. 북측 경비병. 1952. 6. 15.

회담을 마치고 돌아오는 유엔군 정전회담 대표단 터너
조이 중장을 유엔군 총사령관 마크 클라크 대장이 맞이
하고 있다.

위, 정전협정 준비단 북한군 대령 주용, 유
엔군 교섭자 윌워드 카록 대령과 제임스 셔
우 중령이 사전에 정전협정을 조율하였다.
아래, 문산에서 출발하는 유엔군 호송차량,
1952.

정전회담 한국군 대표 백선엽 육군 소장. 1951. 8. 13.

제임스 서우 중령과 레오나르드 윌슨 소위가 조인된 정
전협정서를 도쿄로 수송하고 있다. 1953. 7.

정전회담중 회담장에 공중폭격을 방지하기 위해 띄우는 헬륨 가스 기구. 1952. 3. 22.

제2장 정전회담, 포로 송환 그리고 군사정전위원회

1. 6·25전쟁의 양상

전쟁은 시작이 있으면 끝이 있다. 전쟁을 끝내기 위한 정전회담은 전쟁의 성격에 따라 그 내용이 달라진다. 6·25전쟁, 그 시작과 끝을 살피는 작업은 이 전쟁이 국제 정치학에서 공산주의와 자본주의의 대결이라는 측면과 역사학에서 한민족의 시련과 극복의 과정이라는 측면을 아울러 보여준다.

북한을 한반도 전체에 대한 공산주의의 지배를 위한 '민주기지'로 설정한 김일성(金日成) 북조선인민위원회 위원장은 1947년 8·15 해방 2주년 기념식 연설을 통해 "앞으로 닥쳐올 전투에 대비하기 위해 자기의 진지를 확대하고 강화하는 노선"을 천명한 데 이어, 1948년 3월 27일 조선노동당 제2차 대회에서 "북조선의 인민정권 형태를 남조선에까지 확대시켜 인민정권이라는 정치형태의 기초 위에서 조선의 통일을 이룩해야 한다"라고 강조했다.

김일성 위원장은 1948년 2월 8일 조선인민군의 창설을 내외에 선포한다. 그가 1948년 9월 9일 조선민주주의인민공화국을 수립하기 7개월 전에 조선인민군을 창설한 사실은 군대를 장악해야 권력이 견고함과 아울러 군사력을 바탕으로 '통일적인 민주주의인민공화국의 수립'을 위해 매진하겠다는 확고한 의지의 표명으로 해석된다.

조선인민군을 창설하고 군통수권자로서 '원수'라는 칭호를 쓰기 시작함으로써 최고지도자로서의 지위를 굳힌 김일성은 1950년 6월에 20만 명에 가까운 병력을 확보할 수 있었다. 이에 비해 국방력을 국력의 제1 목표로 삼지 않았던 대한민국은 육해공군을 합해 10만 명 정도의 병력을 유지하고 있었다.

김일성은 1949년 말 모스크바에서 스탈린에게 남침 계획을 보고하고 승인해 줄 것을 요청했다. 스탈린은 1949년 12월부터 이듬해 2월까지 소련을 방문한 마오쩌둥(毛澤東)과의 정상회담에서 소중 현안문제를 협의함과 아울러 김일성의 남침전쟁을 지원하기로 합의했다.

최용건 조선인민군 총사령관은 6월 25일 새벽 5시 안개가 자욱이 깔린 38선 북쪽에서 작전을 지휘했다. 동해안에서 서해안까지 박격포와 곡사포 등 1,600여 문이 남쪽을 향해 불을 뿜었다. 고요한 산하가 찢어지듯 요동쳤다. 개전 초기에 서울을 점령할 것을 제1 목표로 삼은 인민군 보병과 포병들은 물밀 듯이 남하했다.

주한 미 대사관은 전쟁 발발 보고를 즉보했다. 보고는 6월 24일 오후 9시 반(미국의 동향은 현지 시각) 국무성에 접수됐다. 애치슨 국무장관은 유엔 사무총장으로 하여금 안전보장이사회를 소집하도록 히커슨 국무성 유엔담당 차관보에게 지시했다. 트루먼 미국 대통령은 잇따라 고위 정책회의를 소집해 대책을 논의했다.

유엔 안전보장이사회는 6월 25일 북한의 무력 침공은 평화의 파괴(a breach of the peace)라고 규정하고 북한에게 전투 행위를 중지하고 군대를 38선 이북으로 철수할 것을 요구하는 한편 이 결의안을 실현하기 위한 유엔의 노력에 모든 협조(every assistance to the United Nations)를 아끼지 말 것을 당부했다.

한국의 위기 상황을 간파한 맥아더 미 극동군사령관은 6월 28일 하네다 공항을 출발 수원공항에 도착한 직후 한강변을 시찰하고 미 지상군의 신속한 개입만이 전선을 회복할 수 있으며, 연대 규모의 전투 병력을 파견하고 일본에 있는 2개 사단으로 조기에 반격할 각오가 섰다고 보고했다. 트루먼 대통령은 6월 30일 새벽 5시 맥아더의 방침을 승인했다.

유엔 안전보장이사회는 7월 7일 미국이 연합군사령부를 결성하고 사령관을 임명함으로써 유엔군의 작전을 지휘하도록 요구했다. 트루먼은 7월 8일 미국 합참본부(JCS)를 한국에서의 유엔군 작전 사령탑으로 정하고 맥아더를 유엔군사령관에 임명했다. 이에 이승만(李承晩) 대통령은 맥아더에게 서한을 보내 한국에서의 작전통제권을 위임했다.

그러나 인민군은 7월 19일 야크(YAK)기로 대전비행장을 공습한 후 20일 새벽 3시 대전 시내로 돌입했다. 대전전투에서 미군은 제24사단장 딘 소장이 인민군의 포로가 되고 병력의 3분의 1이 희생됐다. 딘은 정전협정 후 포로 교환으로 석방되는 등 수모를 겪었다. 인민군은 대전을 점령한 후 소백산맥을 넘어 낙동강으로 밀고 내려갈 기세였다.

워커 주한미군사령관은 8월 1일 전 지상군에게 낙동강 방어선으로 철수하라고 명령했다. 이 선은 워커의 사수 결의에 따라 형성되었으므로 워커 라인(Walker Line)이라고도 불린다. 또한 이 선은 대한민국에게는 국가가 존립할 수 있는 최후의 생명선이기도 했다. 8월 4일 현재 전투 병력은 한국군 45,000명, 미 지상군 47,000명, 인민군 92,000명으로 팽팽한 균형을 이뤘다.

이후 8월부터 9월 중순까지 한국군 및 유엔군과 인민군은 진주, 마산, 영산, 대구, 동해안, 영덕, 포항, 왜관, 영천 등에서 혈전을 벌였다. 낙동강 방어선을 필사적으로 지킨 한국군과 유엔군은 낙동강을 '피의 강'으로 물들이면서 인민군과 일진일퇴를 거듭했다.

그러나 기적과 같은 반전이 엉뚱한 곳에서 일어났다. 1950년 7월 중순 맥아더 홀로 기획하고, 참모들을 시켜 작전을 수립하고, 검토 단계에서 미국 국내의 반론들을 물리치고, 그래도 제지하려는 세력을 밀어내면서 마침내 9월 9일 트루먼 대통령에 의해 승인된 인천상륙작전은 간만의 차이가 크고 항만이 좁아 대규모 부대가 상륙하기에 불리한 인천을 일약 세계적인 뉴스의 초점으로 부각시켰다.

미국과 한국의 해병대는 9월 15일 새벽부터 각각 다른 시각에 세 군데의 해안으로 기습 상륙하여 인민군을 소탕했다. 상륙부대들은 16일 밤까지 해안 교두보선(BHL)에 이르렀다. 상륙군은 9월 18일까지 병력 25,606명, 차량 4,507대, 병참물자 14,166톤을 해안으로 올림으로써 교두보를 확보했다.

한미 상륙부대는 18일 김포비행장을 확보하고 행주로 진격하고, 영등포로 쳐들어가는 한편 인민군의 주력부대가 달아나지 못하도록 수원 쪽으로 달렸다. 20일 아침 미 제5해병연대는 행주산성에 포진하고 있던 인민군을 향해 공격준비 포격을 한 후 오전 6시 45분 상륙용 궤도차량(LVT)으로 강습 도하를 감행해 적의 사격을 받으면서 사상자를 냈지만 행주산성 밑까지 다다라 오전 9시 40분 행주산성 정상을 점령한 후 수색 쪽으로 질풍처럼 내달았다.

미 제10군단은 9월 22일 연대 뒤쪽 안산에서 서강대 뒤쪽 노고산에 이르기까지 인민군이 구축한 강력한 방어선을 뚫으며 인민군과 치열한 혈전을 치른 끝에 25일 정오경까지 인민군 1,750명의 사상자를 내고 한국군 300명, 미군 200명의 사상자를

낸 끝에 안산과 노고산을 탈환하고 도심지로 밀어닥쳤다.

미 32연대는 25일 오전 6시 한강을 도하해 서빙고를 점령하고 오후 3시 남산과 장충단공원을 확보했다. 한국군 17연대는 뚝섬을 장악한 후에 용마산과 망우리를 빼앗았다. 인민군은 여기저기서 후퇴했다. 인민군 잔여 부대는 서울 도심지에 포진해 한국군 및 유엔군과 치열한 시가전을 벌였다.

한국 해병대는 9월 27일 오전 6시 10분 중앙청의 돔 위에 태극기를 올렸다. 서울은 적화된 지 90일 만에 수복됐다. 이날 정오 태평로 국회의사당에서 대통령 이승만을 비롯한 정부 요인들, 각계 인사들, 국군 주요 지휘관들과 맥아더 원수 및 유엔군의 주요 지휘관들이 참석한 가운데 수도 탈환식을 거행할 때 대부분의 참석자들이 감격의 눈물을 흘렸다.

미 합동참모본부는 9월 27일 맥아더 유엔군사령관에게 다음과 같은 훈령을 하달했다.

> 귀 사령부의 작전 목표는 북한 공산군을 격멸하는 것임. 이 목표를 달성하기 위해 38선 이북 지역에 대한 군사작전을 인가함. 다만 귀하의 작전은 개시되는 시점까지 소련이나 중공이 북한으로 대규모 부대를 이미 들여보냈거나, 들여보낼 뜻을 미리 밝혔거나, 유엔군이 북한 지역에 들어서는 것을 군사적으로 막아 내겠다는 내용의 위협을 표명한 사실이 없을 경우에 한함.

한국군과 유엔군은 38선 이북으로 질풍처럼 돌진했다. 그들은 원산, 사리원, 청천강으로 밀고 올라가면서 인민군과 치열한 결전 끝에 거의 연전연승의 기록을 세우면서 적을 밀어붙였다. 6·25전쟁 직후 인민군이 한국군과 유엔군을 연파하면서 파죽지세로 남하했던 것과 정반대의 국면이 전개됐다.

10월 17일 한국군과 유엔군은 남쪽에서 반달 모양으로 평양을 포위했다. 인민군 주력부대는 청천강 이북에 방어선을 쳤다. 인민군 제17사단과 제32사단 8천 명이 평양 수호의 임무를 맡았다. 10월 19일 한국군 15연대는 뗏목을 타거나 가슴까지 올라오는 차가운 강물 속을 걸어서 대동강 상류를 건넜다. 한국군은 이날 오후 2시경 인민위원회, 정무원 등의 건물을 점령하고 태극기를 달아 올렸다. 7사단 8연대도 평양의 북쪽에 있는 김일성대학과 방송국을 점령한 후 북진했다.

10월 26일 한국군 제6사단 7연대 수색소대는 인민군의 공격을 물리치고 초산읍을 지나 오후 2시 15분 압록강가에 태극기를 꽂았다. 병사들은 압록강 물을 수통에 담아 마시는 감격을 누리기도 했다. 통일이 눈앞에 다가오는 듯했다.

동부전선에서 미 제7보병사단은 11월 21일 두만강가의 혜산진에 도착했다. 맥아더는 11월 24일 유엔군 장병들에게 "성탄절을 고향에서 보내자"는 메시지를 띄우고 국경까지 밀고 올라가 전쟁을 승리로 장식하자고 독려했다. 그 순간 한국군과 유엔군은 6·25전쟁 중 가장 벅찬 환희를 체험했다.

그러나 한국군과 유엔군이 평양을 탈환한 10월 19일 압록강을 건너 북한에 소리 없이 침투한 이래 10월 말까지 잠적하고 있던 중국인민지원군이 맥아더의 호언을 비웃듯 11월 25일 밤부터 30만여 병력으로 대공세를 시작했다. 중공군이 내세운 기치는 '항미원조(抗美援朝)' 즉 미국에 대항해 조선을 지원한다는 것이었다.

팽덕회를 사령관으로 한 중국인민지원군은 압록강변의 초산까지 진격했던 한국군을 10월 25일 포위하고 일제히 사격해서 한국군에게 막대한 피해를 준 것을 신호로 운산, 온정리, 화천 등지에서 한국군과 유엔군을 물리치면서 파죽지세로 남하해 12월 25일에는 38선 부근까지 진출했다. 이로써 6·25전쟁은 발발한 지 6개월 만에 원점으로 회귀했다.

적진아퇴(敵進我退)
적거아요(敵據我擾)
적피아공(敵疲我攻)
적퇴아추(敵退我追)

적이 진격하면 나는 후퇴하고, 적이 자리 잡으면 나는 어수선하게 하며, 적이 피로하면 나는 공격하고, 적이 달아나면 나는 추격한다는 마오쩌둥의 16자 전법을 한국전에서 교범으로 삼은 중공군은 낮에는 산속에 숨어 있다가 주로 야음을 틈타 행군을 계속하면서 한국군과 유엔군의 허점을 파고들어 공격했다.

그들은 기선을 제압한 후에는 한국군과 유엔군이 포탄을 비 오듯 쏟아 부으며 반격해도 아랑곳하지 않은 채 죽은 동료의 시신을 딛고 이른바 '인해전술(人海戰術)'이라는 이름으로 가공할 인간 병기를 끊임없이 투입하여 한국군과 유엔군을 질리게 했다.

또한 혹한에도 불구하고 해진 군복에 닳아서 발이 드러난 신발을 끈으로 동여매고 행군하던 그들이 잠복해 있다가 심야에 일제히 나팔과 피리를 불고 꽹과리를 두

들기면서 출현해 총알을 쏘아대고 칼을 휘두르며 육박전을 시작할 때 한국군과 유엔군은 공포에 떨었다.

리지웨이 신임 미8군사령관은 1951년 1월 3일 서울을 포기하고 후퇴하라고 명령한다. 이튿날부터 이른바 1·4후퇴가 시작된다. 공산치하에서 곤욕을 치렀던 서울시민들은 너도나도 피난대열에 끼어들어 한강 부교는 아수라장을 이뤘다. 중앙청에 다시 붉은 기가 나부꼈다.

그러나 유엔군은 1951년 1월 25일부터 서부전선과 중동부전선에서 가공할 화력을 퍼부어 중공군을 후퇴시켰다. 중공군은 2월에 대공세를 시작해 한국군과 유엔군에게 타격을 주었다. 한국군과 유엔군은 3월 14일 서울을 탈환한 이래 북진하여 중공군과 맞섰다. 중공군은 4월에 총 70만 병력 중 반 이상을 투입하는 대공세를 폈다. 그러나 한국군과 유엔군을 필사적으로 서울을 수호했다.

다시 5월의 접전에서 중공군은 전방에 투입된 병력의 30퍼센트인 9만여 명의 사상자를 냈고 한국군과 유엔군도 3만여 명의 사상자를 냈다. 유엔군과 공산군 쌍방이 막대한 출혈을 하면서 전선은 38선을 오르내렸다.

북한은 전쟁중 김규식, 조소앙, 안재홍, 조완구, 윤기섭, 엄항섭 씨 등 정치인과 정인보, 이광수, 최규동, 방응모 씨 등 저명인사들을 납치했다. 무초 주한 미국대사는 대한민국 내무부가 납북자 126,325명의 명단과 납북내역을 작성했다고 1951년 1월 4일자 유엔군 전방사령부에 보낸 전문에서 밝혔다.

2. 정전회담 과정

일단 인민군과 중공군을 38선 이북으로 밀어낸 유엔의 주도국 미국은 6월 1일 합동참모본부(JCS) 이름으로 맥아더 유엔군사령관에 이어 새로운 유엔군사령관이 된 리지웨이에게 적절한 정전협정에 의해 적대행위를 종식할 것, 최대로 용이하게 확정된 분계선 이남에서 대한민국의 권능을 확립하되 그 분계선은 38선 이남이 되어서는 안 되게 할 것, 적절한 단계를 밟아 한국에서 외국군을 철수하도록 준비할 것, 한국군을 강화할 것 등을 지시했다.

트리그브 리 유엔 사무총장은 6월 초에 공산측에게 평화를 제안했다. 소련은 처음부터 한국전쟁이 세계대전으로 확대되는 것을 원하지 않았다. 특히 중공은 극심한 인명 피해를 내고도 유엔군을 격퇴할 수 없으며 6·25전쟁 이전의 38선 부근에서 전선이 교착상태에 빠진 이상 전쟁을 끝낼 최소한의 명분을 찾은 것으로 판단했다.

6월 23일 말리크 소련 부수상 겸 유엔 대표가 라디오 연설을 통해 "나는 한반도에서 평화를 성취하기 위해 너무나 많은 '피의 대가'가 치러졌다는 것을 확신한다"라고 전제하고 "소련 인민은 제1 단계로 교전국가 간에 전쟁을 중지할 토의가 곧 시작되어야 하며, 38선에서 쌍방 군대가 철수하는 휴전이 성립되기를 바라고 있다"라고 명확히 언급했다.

애치슨 미 국무장관은 6월 26일 상원에서 38선에서의 정전은 유엔의 승리를 의미한다고 공언했다. 중공의 북경방송은 당 기관지 『인민일보(人民日報)』의 사설을 인용해 중공이 소련의 제안에 동의한다고 보도했다.

그러나 이승만 대통령은 6월 27일 공보처의 특별성명을 통해 "한국의 국토는 비록 황폐해졌으나 우리는 계속 싸울 것이며, 적을 압록강과 두만강으로 몰아 낼 때까지 어떤 유화정책에도 양보할 수 없다"라고 선언했다. 대한민국 국회도 38선의 정전은 곧 자살행위라고 규정했다.

그럼에도 불구하고 국제정치의 역학관계상 미소중(美蘇中)이 한반도에서 전쟁 종식을 위한 회담을 원하면 그렇게 될 수밖에 없다. 트루먼 대통령은 6월 29일 리지웨이 유엔군사령관에게 현지에서 공산측과 정전 교섭을 할 것을 긴급히 지시하면서 공산측과의 협상은 어떤 문제라도 워싱턴의 승낙 없이는 결정할 수 없다는 단서를 붙였다.

리지웨이는 방송과 신문을 통해 정전회담을 원산 앞 바다에 정박중인 덴마크 병원선 쥬티랜디아호 선상에서 열자고 공산측에게 제의했다. 그러나 김일성과 팽덕회는 7월 10일─15일에 개성에서 회담할 것을 제의했다.

유엔측은 회담을 7월 10일이나 그 이전에 개성에서 하되 7월 5일에는 쌍방의 연락장교 3명씩 예비접촉을 하자고 제의했다. 공산측은 7월 5일을 8일로 수정하고 그 밖의 조건은 동의한다고 응답했다.

유엔측 대표 머레이 미 해병 대령, 키니 미 공군 대령, 한국군 이수용 육군 중령과 공산군측 대표 장춘산 인민군 대좌, 채성원 중공군 중령, 김일파 인민군 중좌는 7월 8일 오전 개성시 광문동에 있는 내봉장(來鳳莊)의 회의실에서 첫 대면을 했다.

공산측이 다과를 내밀었으나 유엔측은 사양할 정도로 긴장이 감돌았다.

　유엔측이 본회담 대표 명단으로 수석대표 조이 미 해군 중장을 비롯해 크레이기 미 공군 소장, 호디스 미 육군 소장, 버크 미 해군 소장, 백선엽 한국군 소장을 제시하자 공산측은 3시간의 정회를 요청했다. 공산측은 유엔측의 명단을 상부에 보고하고 지시를 받은 뒤 회의가 속개되자 남일 인민군 대장, 리상조 인민군 소장, 장평산 인민군 소장, 띵화(鄧華) 중공군 중장, 쉬펑(謝方) 중공군 소장을 제시했다.

　양측은 시감이 흐름에 따라 화기에 찬 분위기에서 회담을 진행했다. 그들은 본회담을 7월 10일 같은 장소에서 열기로 하고, 본회담을 위한 절차를 마련했다. 그 절차는 본회담 대표들은 차량에 흰색 기를 달며 팔에는 완장을 두르고 앞뒤로 호위를 받는다는 것이다.

　7월 10일 유엔측 대표 5명은 고문 및 참모 장교 8명, 행정요원 등 64명을 대동하고 회담장으로 들어섰다. 제1차 회담은 이날 오전 11시 비공개로 열렸다. 오전의 맑은 하늘이 오후에는 가랑비를 뿌렸다. 문산의 유엔군 전진기지에는 세계 각국에서 파견된 외신 기자 1백여 명이 몰려들어 취재 경쟁을 벌였다.

　이날 유엔측은 군사문제만 토의하며, 정치·경제문제는 배제한다는 원칙 아래 회담의 의제 채택 등 9개 항을 제시했다. 그러나 공산측은 쌍방은 즉시 38선에서 철수하고 이어서 외국 군대도 한반도에서 철수할 것, 쌍방은 즉시 정전하여 38선을 따라 20킬로미터 폭의 비무장지대를 설치할 것, 이상의 문제를 해결한 후 포로문제를 토의할 것 등을 제의했다.

　양자 간에 첨예한 대립을 보인 항목은 외국 군대의 철수, 군사분계선, 기자의 출입문제 등이었다. 이런 문제들은 정전회담의 본질을 양측이 어떻게 이해하고 있으며, 협상전략의 중심이 무엇인가를 예고했다.

　외국 군대의 철수와 관련해 유엔측은 이 문제를 관련 국가의 정부 간에 협상해야 할 정치문제라고 주장하고 정전회담에서 논의할 성질의 것이 아니라고 주장했으며, 공산측은 외국 군대를 한국 또는 조선 군대가 아닌 군대를 의미하며 그들은 조속한 시일 내에 철수해야 한다고 주장했다.

　군사분계선과 관련해 유엔측은 현 접촉선을 군사분계선으로 선택할 것을 주장했으며, 공산측은 38선이 적합함을 강조했다. 유엔측은 이미 38선 이북 지역을 광범위하게 확보했으므로 38선을 고수하려는 공산측의 주장에 동의해 전과(戰果)를 헌상할 수 없는 반면, 공산측은 원상을 회복한다는 의미와 한국군 및 유엔군이 점령한 38선 이북 지역을 돌려받을 수 있고, 그동안 유엔군 개입의 의의와 희생을 무력화할 수 있기 때문에 38선으로의 군사분계선 획정을 내세운 것으로 해석된다.

기자들의 출입 문제와 관련하여 유엔측은 쌍방이 같은 수의 기자에게 판문점 출입을 허용하되 회의장 안에는 출입을 허가하지 않을 것을 제의했으며, 공산측은 유엔측 기자의 출입은 김일성 최고사령관의 허가를 받아야 한다고 주장했다. 이점은 언론의 자유에 대한 양측의 상반된 입장을 극명하게 드러낸다.

양측은 이러한 차이에도 불구하고 제1차 회담을 끝낼 무렵 의제 채택, DMZ 설치를 위한 군사분계선에 합의, 휴전 이행을 위한 군사정전위원회와 사찰 감시기구 설립, 전쟁 포로에 관한 제반 절차, 외국 군대의 철수를 다룰 정치회담 등 5개 항의 의제에 합의했다.

제2차 회담(1951. 7. 11)은 기자들의 출입문제와 관련해 유엔측이 기자 출입이 허용되지 않으면 허용될 때까지 휴회에 들어갈 것이라고 강력히 주장했다. 공산측은 휴전협상은 군사기밀을 취급하기 때문에 기자들의 출입을 허가할 수 없다고 거듭 주장했다. 뒤에 공산측은 기자들의 출입을 허용했다.

제2차 회담에서도 공산측은 38선에서 전쟁이 일어났으니 원점으로 돌아가야 하며, 모든 외국군은 정전협정이 조인되면 철수해야 한다고 거듭 강력하게 주장했다. 이로써 공산측이 정전회담에서 가장 중요시하는 의제는 외국 군대의 철수와 38선으로의 군사분계선 설정임이 드러났다.

제3차 회담(1951. 7. 15)은 제1, 2차 회담이 외국군 철수문제와 군사분계선 문제로 입씨름을 벌이고 기자들의 취재를 공산측이 뒤늦게 허용하는 선에서 의견의 일치를 보인 것과 달리 회담장과 회담장으로 들어오는 도로와 그 주변을 중립지대로 설정하자는 유엔측의 제의를 공산측이 받아들임으로써 활기를 띠었다. 그러나 공산측은 이날도 외국군의 철수를 강경하게 주장했다.

제4차 회담(1951. 7. 16)에서 공산측은 38선을 군사분계선으로 설치하는 문제는 뒤로 미루고 외국군 철수에 합의할 것을 유엔측에게 강력히 요구했다. 그러나 유엔측은 정전회담에서 외국군 철수문제를 다루는 것을 완강히 거부했다. 이로써 공산측의 최고 관심사는 외국군 철수요, 그 다음이 38선으로의 군사분계선 설치임이 밝혀졌다.

제5차 회담(1951. 7. 17)은 아무런 진전 없이 끝났다. 공산측은 제6차 회담(1951. 7. 18)에서 제9차 회담(1951. 7. 25)까지 외국군 철수를 집중적으로 거론했다. 공산측은 "외국군 철수를 정전협정 조항에 명기해야 한다." "휴전이 이루어지도록 모든 외국군대는 한반도에서 철수해야 한다." "외국이 조선반도의 국내 문제에 불법으로 개입해서 문제가 발생했다"라고 주장했다.

그러나 유엔측은 "외국군 철수는 군사적인 문제라기보다는 정치적인 문제이고 이 회의는 정전협상이지 평화협상이 아니다." "6·25전쟁은 외국군이 주둔해서 발생한 것이 아니며 외국군이 철수한다고 전쟁 재발을 방지한다고 할 수는 없다"라는 논리를 강하게 폈다. 이에 공산측은 외국군 철수 문제는 '다른 회의'에서 논의해도 좋다는 탄력적인 자세를 보였다.

공산측은 이와 아울러 제10차 회담(1951. 7. 26)부터 제14차 회담(1951. 7. 30)까지 38선을 군사분계선으로 하자고 맹렬하게 주장했다. 그들은 "38선을 군사분계선으로 하고 10킬로미터 넓이의 DMZ를 설치하자." "38선을 군사분계선으로 설정하자는 제의는 '확실한 요지부동'의 제안이다"라고 못 박았다.

이에 대해 유엔측은 "정치적, 역사적 이유로 설정된 38선은 군사분계선으로는 적합하지 않다." "현 접촉선을 군사분계선으로 하는 폭 20마일의 DMZ 지도를 제출한다." "군사분계선 설정은 지상군뿐 아니라 공군과 해군의 우월성도 참작해야 한다." "군사분계선을 가운데 두고 양측에 완충지대인 DMZ를 설정하는 목적은 쌍방 간의 무력충돌을 예방하는 데 있기에 38선 같은 일직선보다는 현 전선의 접촉선을 분계선으로 하는 것이 목적을 달성하는 데 효율적이다." "38선을 분계선으로 하자는 공산측의 제의는 받아들일 수 없으며 휴전이 성사될 때까지 전투는 계속될 것이다"라고 주장했다.

군사분계선과 관련해 이처럼 상반된 견해가 충돌한 가운데 제15차 회담(1951. 7. 31)부터 제17차 회담(1951. 8. 2)까지 아무런 진전이 없었다. 제18차 회담(1951. 8.3)에서 공산측은 "38선을 영토 분단의 분계선으로 할 의도는 전혀 없으며, 조선문제는 조선 인민 자신들에 의해서 평화적으로 민주적으로 해결할 국내문제이지 지금같이 외국군대가 조선반도에 남아 있어서는 평화적 해결은 바랄 수 없다"라고 다시 외국군 철수와 연관지었다.

유엔측은 현 전선의 접촉선을 군사분계선으로 설정해야 한다는 입장을 고수하면서 "공산측은 38선을 분계선으로 만들지 않으면 휴전에 반대하느냐?"라고 질문했다. 공산측은 이에 대해 응답을 하지 않았다. 군사분계선 설정과 관련해 평행선을 달리면서 제19차 회담(1951. 8. 4)부터 제25차 회담(1951. 8. 15)까지 이 문제로 양측은 충돌했다.

제26차 회담(1951. 8. 16)에서 유엔측은 군사분계선 문제에 진전이 없으니 본회담보다는 비공개로 차석 대표회의를 열고 진지하게 논의하자고 제안했다. 공산측은 처석 대표들과 많은 참모들이 참가하는 비공개 회의로 넘기는 데 동의했다. 이처럼 양측은 본회담의 장애물을 하나씩 제거해 나갔다.

양측은 북한의 점령지역 안에 있는 개성에서 양측의 경계선을 이루는 판문점으로 회담 장소를 옮기기로 합의하고 제27차 회담(1951. 10. 25)을 시작으로 판문점시대를 열었다. 판문점은 바야흐로 자본주의와 공산주의의 이론 대결의 장이요, 한반도에서 무기를 버리고 평화를 심기 위한 고뇌의 산실이요, 세계적인 뉴스의 무대로 등장했다.

유엔측과 공산측은 군사분계선으로 본회담에서 억세게 대립해 온 국면을 타개하기 위해 차석 대표 회담을 다시 열기로 합의했다. 차석 대표들은 지도를 놓고 숙의를 거듭했다. 11월 23일 차석 대표회의에서 공산측은 38선을 포기하고 현 전선이 접촉선을 군사분계선으로 설정하는 데 동의했으며, 유엔측은 DMZ의 폭을 종래 주장해 온 20마일(32km)에서 공산측이 주장해 온 4킬로미터로 양보했다.

그러나 공산측은 제29차 회담(1951. 11. 28)부터 다시 외국군 철수를 집중적으로 거론했다. 공산측은 유엔측이 정전협상의 목적을 휴전체제를 무한정 계속함으로써 조선문제의 평화적 해결을 무한정 지연시키려는 것이라고 비난했다. 유엔측은 한반도에서 후에 외국군이 모두 철수해야 한다는 것을 인식하고 있지만 휴전중에는 쌍방의 무력 균형이 깨지지 말아야 하기 때문에 외국군 철수문제를 정전협상에서 논의하는 것을 거부한다는 논리를 거듭 폈다.

정전회담이 계속되는 동안에도 전선에서는 불꽃이 일었다. 그것은 양측이 정전협정이 체결되기 전까지 유리한 국면을 조성하기 위해 벌인 혈투였다. 그러나 그것이 확전의 형태를 띤다면 정전회담 자체의 의미가 상실되고 만다. 확전의 요인은 이 병력 증강과 무기 현대화 문제로 집약된다.

유엔측은 제32차 회담(1951. 12. 1)에서 쌍방의 병력 증강과 무기 현대화 금지, 군

용비행장의 복구 및 건설 금지, 쌍방 인원으로 구성되는 정전협정의 이행 감독기구인 군사정전위원회의 설립을 제안했다. 공산측은 "유엔은 우리의 자주국방의 권리를 박탈하려고 하는가?" "유엔은 무엇 때문에 우리 후방에 있는 섬들에 군대를 계속 주둔시키고 있는가?"라고 항의했다. 이 문제는 후에 공산측이 중립국감독위원회의 사찰을 허용하고, 유엔측이 북한의 후방 도서에서 철수하는 것으로 절충됐다.

양측은 제35차 회담(1951. 12. 4)에서 현안문제를 타결하기 위해 비공개 분과위원회를 개최하기로 합의했다. 비공개 분과위원회가 진행된 60여 일 동안 본회담은 휴회됐다. 그 후 정치회담은 포로 송환문제를 집중적으로 논의했지만 입씨름을 되풀이했다. 포로 송환문제는 제144차 회담(1953. 6. 6)에서 양측이 합의할 수 있었다.(판문점회담의 포로 송환을 위한 협상 과정과 이승만 대통령의 반공포로 석방 조치는 별도의 '포로 송환' 항목에서 기술함.)

양측은 정치회담 문제를 제41차 회담(1952. 2. 16)에서 제43차 회담(1952. 2. 19)까지 본격적으로 논의했다. 공산측은 정전회담이 발효된 지 3개월 안에 쌍방에 관련된 국가 간에 고위정치회담을 열어 외국군의 철수와 한반도 문제의 평화적 해결을 다루자고 제의하고 유엔측은 고위정치회담에 대한민국이 참여한다는 점을 북한으로부터 보장받았다.

유엔측과 공산측은 제146차 회담(1953. 6. 8)에서 양측이 정전협정에 완전히 합의할 때까지 협상을 비공개로 진행하기로 합의했다. 이날 오후 2시 유엔측 수석대표 헤리슨 중장과 공산측 수석대표 남일 대장은 '중립국송환위원회의 직권과 범위'라는 부록에 합의해 서명했다.

양측은 제148차 회담(1953. 6. 10)에서 1951년 11월 23일의 합의에 기반을 두고 군사분계선에 관한 협상을 재개하기로 합의하고 다음 날부터 비공개 참모회의에서 이 문제를 논의하기로 합의했다. 제149차 회담(1951. 6. 17)은 참모회의가 합의한 군사분계선을 비준하는 데 동의하고 북방한계선(Nothern Boundary Line)과 남방한계선(Southern Boundary Line)을 확정하는 논의를 계속하기로 합의했다.

양측은 제158차본회담(1953. 7. 19)으로 2년여의 정전회담을 마감했다. 이날 공산측은 유엔측이 정전협정 준수를 확약했으므로 정전협정에 조인할 준비를 하겠다고 발언했다. 유엔측은 공산측의 발언을 경청했다. 양측 군최고사령관은 1953년

7월 27일 군사정전협정에 서명하기로 합의했다.

　정전회담 본회담이 진행되는 동안 유엔측은 수석대표와 대표들을 군 장성으로 포진시켜 군사문제에 치중했으며, 공산측은 심리전과 정치협상에 노련한 조선노동당 간부와 중국 장성을 내세워 맞섰다. 유엔측은 군사분계선과 외국군 철수문제 등 군과 직접 관련된 문제에 대해 시종일관 원칙을 고수했다. 공산측은 돌연 파상 공세를 펴거나 끈질긴 인내로 현안문제를 관철하려고 노력하다가도 갑자기 타협하기도 하는 등 신출귀몰한 자세를 보였다.

　정전회담은 사실상 미군과 인민군의 대결이었다. 그러나 공산측 대표의 일원으로 참석한 중국 장성의 역할도 중요했다. 유엔군사령부 군사정전위원회 전사편찬관 겸 분석관과 유엔군사령관 특별고문을 역임한 제임스 리 씨는 "중요한 안건을 협상할 때는 대개 중국 대표들이 논의를 주도했고, 북한 장성이나 장교가 주도할 때도 중국 장성의 지시나 개입이 흔히 있었다"라고 술회한 바 있다.

　1953년 7월 27일 오전 10시 조선인민군 최고사령관, 조선민주주의인민공화국 원수 김일성 및 중국인민지원군 사령원 팽덕회와 유엔군사령관 마크 클라크 대장을 대신하여 공산측 수석대표 남일과 유엔측 수석대표 윌리엄 해리슨 2세가 서명한 정전협정서는 전문, 제1조 군사분계선과 비무장지대, 제2조 정화 및 정전의 구체적 조치, 제3조 전쟁포로에 관한 조치, 제4조 쌍방 관계 정부들에의 건의, 제5조 부칙을 포함하고 있다. 이 협정은 12시간 뒤인 7월 27일 오후 10시에 발효됐다.

　야음이 한반도 전역을 감싸고 있는 가운데 전 전선에서 총소리가 멎었다. 1950년 6월 25일 새벽하늘을 찔렀던 포성도, 3년여 동안 적을 살상하기 위해 번뜩였던 양측 군인들의 눈초리도, 목숨이 끊기거나 다친 군인들도, 참혹한 화를 입은 숱한 양민들도 동족을 상잔하고 평화를 깨뜨린 기나긴 전쟁의 악몽에서 헤어났다.

3. 포로 송환의 전말

어떤 정전협상이든 전쟁중에 발생한 포로들을 어떻게 처리하느냐를 중요한 쟁점의 하나로 삼는다. 판문점에서의 정전협상도 이 문제로 장시간 논란을 벌였다. 포로문제는 거제도 포로수용소에서의 포로들의 폭동사건과 이승만 대통령에 의한 반공포로 석방이라는 변수가 작용하여 더욱 큰 진통이 수반됐다.

유엔측과 공산측이 정전회담 초기에 외국군 철수문제, 군사분계선 설정문제로 양측이 완강하게 맞서고 병력 증강과 무기 현대화 금지 문제로 입씨름을 하고 있는 동안 상대적으로 뒷전으로 밀렸던 안건이 포로 송환문제였다. 포로문제는 1951년 12월 들어서면서 서서히 부각되기 시작했다. 포로문제의 쟁점은 맞교환할 포로의 수와 명단 및 송환의 형식 즉 자유 소환이냐 강제 송환이냐로 귀착된다. 이것은 인도적 관점과 전쟁을 마무리하는 전술적 관점에서 양측의 마지노선이었다.

특히 송환의 형식문제에서 공산측은 유엔측이 체포한 공산측 포로 전원을 송환할 것을 판문점에서 주장했다. 그러나 유엔측은 공산측 포로 중 북한이나 중국으로의 송환을 거부하고 한국에 남아 있거나 제3국으로 갈 것을 희망하는 포로들이 절반이나 된다는 사실을 알고 강제 송환이 아닌 자발적 송환의 원칙을 세웠다. 이 문제로 여러 차례 판문점 본회담이 교착됐다.

그러나 공산측 포로들은 1952년 5월 7일 포로들의 대우문제로 토론할 것을 거제도 포로수용소장 도드 준장에게 요청했다. 포로들은 제76포로수용소로 접근하던 도드를 순식간에 납치했다. 리지웨이 사령관은 콜슨 준장을 후임 소장으로 임명하고 이 문제를 해결하라고 명령했다. 콜슨은 포로들과 협상한 끝에 수용소 안에 있는 공산당 조직을 인정, 포로들에게 강요한 정치적 과오의 인정 등 포로들이 제시한 문서에 서명하고 도드를 구출했다. 그러나 유엔군사령부는 수모를 당한 도드와 콜슨을 대령으로 강등시키고 보트너 준장을 수용소장으로 임명했다. 보트너는 7월 10일 공수대원 1천 명을 투입해 포로들을 진압하고 통제권을 회복했다.

남일 공산측 수석대표는 제53차 회담(1952. 5. 10)에서 "유엔측이 자유의사로 전쟁포로들의 송환을 결정한다는 구실 아래 포로들을 강제로 억류하고 있기 때문에 포로들의 항거는 정당하다"라는 내용의 김일성 조선인민군 최고사령관의 서한을 유엔군사령관에게 전하라고 유엔측 수석대표에게 맡겼다. 이에 대해 유엔측은 "포로를 취급하는 데 있어서 늘 인도적인 조치를 취하고 있지만 이번에는 포로들이 수용소장을 불법으로 억류하고 있기 때문에 부득이한 조치를 취했다"라고 답변했다.

제55차 회담(1952. 5. 12)에서 공산측은 "4대의 비행기가 제8포로수용소에 기총소사해서 부상자들이 발생한 것은 국제법 위반행위다. 유엔측은 정전협상을 지연시키기 위해 회담을 무한정으로 질질 끌고 있으나 이를 받아들일 수 없다"라고 언성을 높였다. 그러나 유엔측은 "공산측이 휴전 성립 후 인민군과 중공 포로들의 귀환 의사를 재심하기를 거부하는 이유는 많은 공산군 포로들이 송환을 거부하고 있기 때문에 강제송환을 요구하고 있다고 생각한다"라고 몰아붙였다.

유엔측은 제64차 회담(1952. 5. 21)에서 "공산측이 생포했다고 보도한 5만여 명의 한국군과 유엔군 포로들이 어떻게 공산측이 제출한 포로 명단에서 누락됐으며, 북한측이 제네바 협정을 위반하고 그들을 인민군에게 강제로 입대시킨 것은 아닌가?"라고 물었다. 공산측은 "이들 5만 명의 포로는 존재하지 않으며, 포로 교환이 이루어지기 훨씬 전에 전방에서 석방됐기에 우리는 그들을 구류하고 있지 않다. 포로에 대한 제네바 협정을 위반하고 있는 측은 유엔측이지 공산측이 아니다"라고 응수했다.

포로 숫자에 관해서도 여러 차례 공방이 있었다. 유엔측은 제104차 회담(1952. 7. 13)에서 "우리가 공산측에 송환한 포로들의 총수는 83,000명인데, 그 중 76,600명은 인민군 포로이고, 6,400명은 중공군 포로다. 송환을 원치 않는 공산측 포도들은 휴전이 조인된 후 쌍방이 받아들이는 공평한 기구나 공동기구가 포로 개개인을 상봉하고 대담토록 한다"라고 발언했다.

포로 숫자와 공산측으로 돌아가기를 원하지 않는 포로들의 처리문제에 대해 공산측은 예민한 반응을 보였다. 공산측은 제105차 회담(1952. 7. 18)에서 "유엔측이 관리하는 공산측 포로의 총수는 132,000명이지 83,000명이 아니다"라고 주장했다. 유엔측은 제106차 회담(1952. 7. 19)에서 "송환될 83,000명의 공산측 포로에다 유엔측이 일방적으로 직접 석방할 38,000명을 합하면 121,000명이 된다"라고 해명했다.

그러나 공산측은 107차 회담(1952. 7. 20)에서 "유엔측이 38,000명의 인민군 포로들을 일방적으로 석방하면 지금 진행중인 정전협상은 깨지고, 그에 대한 책임은 유엔측이 져야 한다. 20,000명의 중공 포로도 송환되는 총인원수에 포함돼야 한다"라고 역설했다.

유엔측은 제128차 회담(1953. 5. 1)에서 "포로문제의 조속한 해결책은 직접 송환을 원치 않는 포로들을 한국 밖의 중립국으로 이동시킬 것이 아니라 한국 안에서 중립국 기구로 이동시키는 것이 바람직하다"라고 주장했다. 그러나 공산측은 제129차 회담(1953. 5. 2)에서 "포로 관리 중립국으로서 인도, 미얀마, 인도네시아, 파키스탄 같은 아시아 국가가 적합하다"라고 주장했다.

그러나 양측은 서서히 의견을 접근한다. 제133차 회담(1953. 5. 7)에서 공산측은 휴전이 성립된 후 2개월 이내에 쌍방은 송환을 원하는 모든 포로들을 정전협정 제3조 51항에 의거해 송환하고 그들의 명단을 최종적으로 교환하며, 쌍방은 폴란드, 체코, 스위스, 스웨덴 그리고 인도로 구성되는 중립국송환위원회를 설치하고, 쌍방은 미송환 포로들을 각 포로수용소에서 중립국송환위원회로 인도한다는 등의 8개 항을 제안했다. 유엔측은 제138차 회담(1953. 5. 13)에서 포로 관리기구의 설치에 합의하고, 중립국 송환위원장은 인도인이 맡도록 하자고 제의했다.

오랜 공방전 끝에 제144차 회담(1953. 6. 6)에서 포로교환에 합의한 양측은 제145차 회담(1953. 6. 7)에서 다음 날 합의문에 서명할 수 있도록 참모회의를 소집해서 정전협정 제3조 51항의 부록인 '중립국송환위원회 직권의 범위'를 협의하여 작성토록 지시했다. 그리하여 유엔측 수석대표 해리슨 중장과 공산측 수석대표 남일 대장은 제146차 회담(1953. 6. 8)에서 그 부록에 서명했다.

그러나 정전협상이 굴욕적으로 진행되고 있다고 불평해 온 이승만 대통령은 미군사령부의 지휘 아래 거제도 포로수용소의 경비를 담당하고 있던 국군경비부대 및 헌병들로 하여금 반공포로들을 탈출시키라고 원용덕 헌병사령관에게 명령했다. 1953년 6월 18일 반공포로 25,952명이 탈출했다. 이 대통령은 그 직후 자신이 포로들의 석방을 명령했다고 발표했다. 정전협상에서 포로문제가 거론되고 있던 시점에 돌연히 단행된 이 조치는 대한민국 국민들을 열광시켰지만 유엔 및 국제사회에는 큰 충격을 주었다.

공산측은 제151차 회담(1953. 7. 10)에서 "리승만이 일방적으로 석방한 조선 포로들은 반드시 송환되어야 한다. 유엔측은 재발을 방지할 조치를 취했는가? 유엔측은 어떤 방법으로 한국군이 정전협정을 준수할 것을 보장할 수 있는가?"라고 격앙된 말투로 물었다. 이에 대해 유엔측은 "한국군은 현재 유엔군 작전지휘권 산하에 있으니까 휴전이 성사돼도 계속 유엔군 산하에 있게 될 것 같다"라고 답변했다.

양측은 제158차 회담(1953. 7. 19)을 끝으로 본회담을 마감하면서 포로교환 문제도 종결했다. 유엔측은 북한인 6만 9천 명, 중국인 5천여 명이 송환 의사를 밝혔으며, 송환을 거부하는 한국인 7,800명, 중국인 14,500명은 중립국송환위원회에 이관한다고 발표했다. 공산측은 미국인 3,314명, 한국인 8,186명을 포함한 12,764명에 이르는 포로 명단을 제시했다.

1953년 8월 5일 판문점은 포로송환으로 북적거렸다. 유엔측은 인민군 포로 6만

명, 중공군 포로 5,600명을 북으로 보냈고, 북한측은 한국군 포로 7,800명, 유엔군 포로 4,700명을 남으로 보냈다. 이어 1953년 9월 10일부터 1954년 2월 22일까지 중립국송환위원회는 포로들을 심사하고 인계하는 임무를 수행했다. 남북한 어느 곳도 원하지 않은 소수의 인민군 출신 포로들은 인도, 브라질, 아르헨티나로 보내졌다. 중공으로의 귀환을 거부한 중공군 포로 2만 명은 대만으로 귀환했다.

판문점에서 중립국송환위원회 의장으로 활동한 인도의 티마야 장군은 후에 이렇게 회고했다.

중립국송환위원회는 하나의 실험이었다. 더 자세하게 말하면 그것은 '중립'에 대한 실험이었다. 그 실험이 이뤄지기 전까지 양측은 중립이라는 것은 불가능하고 반드시 한쪽의 편을 들든가 반대해야 하는 것으로 알고 있었다. 그 실험 후에 양측은 우리가 성실하게 불편부당함을 보였고 우리의 임무를 전반적으로 성공적으로 마쳤다는 것을 마지못해 인정했다.

4. 군사정전위원회 활동

군사정전위원회란 정전협정의 제2조 정화 및 정전의 구체적 조치의 규정에 따라 이 협정의 이행을 감독하고 위반사건을 협의해서 처리하기 위해 설치된 유엔측과 공산측의 공동기구다.

조직은 유엔군사령관이 지명한 5명, 공산측(북한의 최고사령관과 중국의 사령원)이 지명한 5명 등 10명으로 구성돼 있다. 양쪽의 지명자 중 3명은 장군 또는 제독급이며 나머지 2명은 소장(공산측 중장), 준장(공산측 소장), 대령(공산측 대좌) 또는 이에 준하는 사람이다.

군사정전위원회는 정전협정과 관련한 사항을 협의하고 위반사항을 발견하면 그에 대한 조사 및 일체 사항에 대한 보고를 상대방에게 하도록 되어 있다. 양쪽 수석위원의 합의에 따라 7일을 넘지 않게 휴회할 수 있다. 이외에도 임무수행을 위한 감시원의 출입을 위한 휘장도 발급한다.

군사정전위원회의 유엔측 대표단은 본부를 서울에 두고 있고, 공산측 대표단은 개성에 본부를 두고 있다. 그러므로 양측은 24시간 계속 연락하기 위해 공동 일직장교를 두고 있다. 이들은 판문점 공동경비구역 안에 상주하면서 일요일과 휴일을 제외하고는 매일 정오에 공동 일직장교 회의를 열어 일상 업무 연락사항과 양측 대표단 사이의 전달사항을 교환한다.

군사정전위원회는 공동감시 소조를 운영하며 이 소조를 10개 두지만 양쪽의 합의에 따라 줄일 수도 있다고 규정했다. 공동감시 소조는 4~6명의 영관급 장교를 두고 양쪽이 절반씩 구성한다. 공산측은 대부분의 경우 현지조사를 위한 공동감시 소조를 파견하지 않음으로써 공동감시 기능을 약화시켜 왔다. 그러나 유엔측은 중대한 위반사실이 있을 때마다 자체 조사반을 파견하여 단독으로 조사임무를 수행했다.

군사정전위원회 회의실은 판문점 공동경비구역 안에 있다. 공동경비구역에서는 양쪽의 병력이 공동으로 경비를 담당한다. 어느 한쪽도 공동경비구역 안에서는 한꺼번에 35명이 넘는 경비 병력을 들여보낼 수 없다. 본회담에 사용되는 건물과 그 안에 놓인 회의용 탁자는 공동경비구역의 가운데를 가르는 군사분계선에 의해 반으로 나누어진다. 한반도의 복판을 동강내며 155마일이나 달리는 군사분계선은 판문점에 있는 탁자까지 둘로 나누고 있다. 이것이야말로 분단민족의 비극, 그 생생한 압축판이다.

양쪽은 원래 공동경비구역 안에서는 군사분계선을 표시하지 않았지만 1976년 8월의 도끼만행사건이 있은 다음부터 표시를 하고 있다. 이러한 표시와 관계없이 양쪽의 군사정전위원회에 속하는 인원과 보도진들은 공동경비구역 안의 모든 곳을 자유로이 출입할 수 있도록 허가되어 있다. 그러나 그들은 돌발 사태나 돌발 사건이 일어날 수 있으므로 상대방의 건물에는 들어가지 않는 것을 관례로 하고 있다. 여행객 등 방문자들은 상대측의 건물 안에 들어갈 수 없다.

군사정전위원회의 본회의 회의장은 회의가 열리지 않은 날은 적막강산이다. 그러나 이곳은 정전협정에 위반되는 것으로 판단되는 중요한 사건이 일어날 때 유엔측과 공산측 간에 열띤 토론 또는 심각한 투쟁의 장으로 돌변한다. 양측이 격양된 심경을 억누르지 못하고 씩씩거리며 폭발 직전에 이를 때마다 영어, 중국어, 한국어 등 3개 국어로 진행되는 통역시간은 그들의 감정을 절제할 기회를 준다.

군사정전위원회 본회의는 정전협정이 발효된 1953년에 가장 많은 34회를 기록했다. 그리고 한반도에 긴장이 고조된 1960년대에 군정위 본회의는 월평균 1, 2회 열렸다. 세부적으로 관찰하면 본회의는 1960년 18회, 1961년 16회, 1962년 15회, 1963년 19회, 1964년 16회, 1965년 22회, 1966년 18회, 1967년 22회, 1968년 24회,

1969년 14회에 이르는 등 해마다 두 자리 숫자를 기록했다.

남북한 권력이 정권의 기반을 굳히고 치열한 체제 경쟁으로 들어선 1970년대에는 1970년 13회, 1971년 15회, 1972년 8회, 1973년 14회, 1974년 10회, 1975년 12회, 1976년 13회, 1977년 3회, 1978년 6회, 1979년 6회로 1960년대에 비해 조금 줄었다.

그러나 1980년대에 군정위 본회의는 크게 줄어 1980년 7회, 1981년 5회, 1982년 6회, 1983년 8회, 1984년 3회, 1985년 5회, 1986년 5회, 1987년 4회, 1988년 4회, 1989년 8회에 불과했다. 1990년대에는 1990년 6회, 1991년 1회, 1992년부터는 0이다. 군사정전위원회 본회의가 안 열리고 있다는 사실은 한반도에 평화가 정착되어 정전협정 위반 건수가 없어서 양측이 조사할 필요성을 느끼지 못해 본회의장을 비워두고 있다는 것을 의미하는 것은 아니다.

공산측은 유엔측이 1991년 3월 미국인이 아닌 한국인 황원탁 소장을 수석위원으로 임명하자 임명의 철회를 요구하면서 그 후 군정위의 참석을 거부했다. 그리하여 1992년부터 본회의는 열리지 않았다. 드디어 공산측은 1994년 4월 28일 군사정전위원회에서의 철수를 선언하고 개성에 '조선인민군 판문점대표부'를 설치한다고 유엔측에게 일방적으로 통고한 데 이어 그해 9월 군사정전위에서 중국측 대표를 철수시켰다. 이로써 군사정전위원회는 정전협정에 이해 존재하는 법률적 기구일 뿐 유엔측과 공산측이 함께 참여하는 공동체로서의 기능은 마비상태다.

군사정전위원회의 유엔측과 공산측은 공동감시 소조 등을 가동해 상대방의 정전협정 위반사건을 조사하고 상대방에게 항의한다. 쌍방이 주장하는 통계를 접하면 유엔측이 정전협정을 압도적으로 많이 위반한 것으로 나타난다. 북한측이 유엔측의 정전협정 위반을 비난한 건수는 1953년 152건, 1954년 275건, 1955년 104건, 1956년 22건, 1957년 133건, 1958년 72건, 1959년 40건, 1960년 225건, 1961년 2,492건, 1962년 1,601건, 1963년 6,338건, 1964년 17,909건, 1965년 6,744건, 1966년 8,289건, 1967년 7,657건, 1968년 9,108건, 1969년 8,526건이나 된다.

공산측은 1980년대와 군정위가 사실상 마비되는 1993년까지의 유엔측 정전협정 위반에 대한 항의를 왕성하게 제기한다. 즉 1980년 27,218건, 1981년 23,942건, 1982년 26,338건, 1983년 26,058건, 1984년 26,999건, 1985년 26,165건, 1986년 37,214건, 1987년 101,928건, 1988년 115,736건, 1989년 45,300건, 1990년 33,495건, 1991년 26,773건, 1992년 17,431건, 1993년 16,975건에 이른다.

제임스 리 유엔군사령관 특별고문은 이에 대해 "여기서 지적해야 할 점은 북한측이 선전으로 한미군이 정전협정을 한 해에 11만 5천여 건의 엄중한 위반을 했다고 하는데, 사실은 DMZ 경비병들이 경무(헌병) 완장을 차지 않은 것이 5천 몇 백 건이라는 것을 말하지 않고 있다. 자동화기도 마찬가지 — 쌍방이 모두 자동화기를 휴대하고 있었다"라고 보충설명하고 있다.

한편 유엔측이 북한측의 정전협정 위반을 비난한 건수는 1953년 39건, 1954년 22건, 1955년 15건, 1956년 4건, 1957년 60건, 1958년 96건, 1959년 209건, 1960년 182건, 1961년 736건, 1962년 438건, 1963년 985건, 1964년 1,295건, 1965년 497건, 1966년 711건, 1967년 494건, 1968년 780건, 1969년 522건, 1970년 1,091건, 1971년 2,632건, 1972년 5,886건, 1973년 6,077건, 1974년 5,871건, 1975년 6,932건, 1976년 8,866건, 1977년 3,040건, 1978년 2,237건, 1979년 5,362건으로 나타난다.

유엔측은 1980년대부터 1991년까지 부쩍 늘어나는 북한측 위반행위를 항의한다. 즉 1980년 8,322건, 1981년 3,694건, 1982년 11,827건, 1983년 4,074건, 1984년 2,131건, 1985년 11,462건, 1986년 37,404건, 1987년 105,234건, 1988년 96,832건, 1989년 38,212건, 1990년 24,610건, 1991년 15,676건이 그것이다.

위의 자료는 양측이 상대방에게 항의한 통계일 뿐 사건의 내용과 성격을 확연하게 보여주지는 못한다. 유엔측이 제시하는 북한측의 주요 정전협정 위반 사례는 한국군 초소 습격(1955. 5. 7, 1955. 6. 2, 1958. 7. 4, 1961. 8. 25, 1967. 8. 27), 한국군에 사격(1962. 9. 5, 1968. 4. 17, 1969. 5. 20, 1969. 7. 27, 1969. 8. 10, 1969. 8. 24, 1969. 10. 12, 1970. 9. 22, 1971. 8. 16, 1977. 5. 3, 1980. 3. 27), 미군 초소 공격(1967. 7. 16), 미군 순찰대 습격(1962. 11. 20, 1966. 11. 2, 1967. 6. 11, 1968. 4. 27), 미군 차량 습격(1963. 7. 30, 1967. 8. 10, 1969. 10. 18), 미군 막사 폭파(1967. 5. 22) 등으로 몇 명씩의 사상자를 냈다.

북한측은 군정위에 대한 공격도 서슴지 않았다. 그들은 군정위 공동조사단에 발포(1963. 11. 13), 군정위 전방지원부대 습격(1967. 8. 28), 판문점 앞 UN 경비차량 기습(1968. 4. 14)을 감행하여 각각 1명(한국군), 3명(미군 1명, 한국군 2명), 4명(alrs 2명, 한국군 2명)의 사망자를 냈다.

북한측은 해군과 공군도 동원했다. 유엔측이 항의한 사례는 한국 해군 LCU-1106에 사격(1960. 7. 22), 한국 해군 순찰함에 사격(1962. 12. 23), 한국 해군 PCE-

56함 격침(1967. 1. 19), 한국 해군 1-2 방송선 격침(1970. 6. 5), 수원호 32호에 총격 (1974. 2. 12), 한국 경찰 순찰선 격침(1974. 6. 28), 경찰 순찰선에 총격(1978. 4. 28, 1979. 7. 21, 1980. 6. 21), 미국 공군 첩보기 EC-121기 격추(1969. 4. 15), 한국 공군 C-46기 격추(1971. 6. 1) 등이다. 이 가운데 미국 공군 첩보기 EC-121기 격추로 미군 31명, 해군 PCE-56함 격침으로 한국군 39명, 경찰 순찰선 격침으로 해경 26명, 해군 1-2 방송선 격침으로 한국군 20명이 사망했다.

유엔측이 항의한 북한측의 무장간첩 침투 사례는 울진 삼척 무장간첩단 침투 (1968. 11. 30), 3인조 한강 하류 침투(1980. 3. 23), 횡간도 상륙(1980. 11. 6), 남해도 상륙(1980. 12. 1), 임진강 침투(1981. 7. 4), 강릉 침투(1982. 5. 15), 문산 침투(1983. 6. 19), 김포 부근 해상 침투(1983. 8. 5), 울릉도 근해에서의 격침(1983. 8. 13), 다대 포 침투(1983. 12. 3), 부산 근해에서의 격침(1985. 10. 20), 중부전선 침투(1992. 5. 22) 등이다. 이 가운데 울진·삼척 무장간첩단 침투사건에서 북한측 113명이 사살됐다.

북한측의 정전협정 위반사건 중 국내와 해외에 커다란 충격을 준 사건은 북한 124군부대에 의한 청와대 기습사건(1968. 1. 21)과 판문점 도끼만행사건(1976. 8. 18)이다. 또한 푸에블로호 나포사건(1968. 1. 23)도 세상을 떠들썩하게 했지만 미국이 나포된 함장과 선원들을 석방시키기 위해 북한 영해를 침범한 것을 시인하는 문서에 서명함으로써 책임 소재가 명확하지 않다. 필자는 '제3장 판문점에서 일어난 주요 사건' 편에서 이 사건들을 자세히 설명하겠다.

군사정전위원회 제282차본회의(1968. 12. 10)에서 울진·삼척사건을 놓고 유엔측 수석대표 우드워드 해군 소장과 공산측 수석대표 박중국이 격돌했다. 양측의 발언이 얼마나 상충되는가를 살펴보자.

유엔측 : "당신네 무장공비들은 부락민들에게 붉은 선전을 듣도록 강요하고 선전 책자와 대한민국 지폐를 나누어 주고는 식량을 약탈하고 무고한 백성들을 고문 살해하거나 납치해 갔습니다. 바로 여기에 최근의 작전에서 사살된 7명의 당신네 '동무'들의 사진이 있습니다. 사살된 당신네 무장공비들 가운데 하나의 배낭 속에서는 무고한 백성의 몸에서 야수처럼 잘라낸 귀가 두 개나 발견됐습니다. 바로 여기에 잘라낸 그 한 쌍의 귀의 사진이 있습니다. 이 소름 끼치는 만행을 아무 감각도 없이 자행하는 당신네 공비들의 인간적 본성이란 대체 어떤 것입니까? 당신네들은 당신네 두목들을 위해서는 어떤 야만적인 잔

학행위 지령도 수행하는 도덕적 타락자들임이 명백해졌습니다.”

공산측 : “당신이 이 자리에서 떠벌리고 있는 삼척·울진 지역에서의 무장공비니 만행이
니 뭐니 하는 것은 남한에서의 공산혁명가들과 남한 인민들이 당신들을 반대하여 영용
하게 전개하고 있는 무장 유격투쟁을 비롯한 반미·반정부 투쟁입니다.

또한 이 나라에서 당신이 벌이고 있는 광대놀음은 당신들이야말로 자기들의 추악한 목
적을 위해서는 어떠한 사기행위도 마다하지 않는 사기꾼들이며 우리들을 함부로 중상
비방하기 위하여 수단과 방법을 가리지 않는 파렴치한들이라는 것을 그대로 보여줄 뿐
입니다.”

판문점에 출입하는 유엔측과 공산측 기자들은 상대방과 대화할 수 있다. 그리고
서로 친구처럼 대하는 기자들도 있다. 개인적으로 가족의 안부를 전하고 선물을
주고받는 기자들도 있다. 그러나 정치 사회문제가 대두되면 남북한 기자들은 군사
정전위원회에서 북측과 남측이 불꽃 튀는 설전을 벌이듯 그 연장선상에서 공방전
을 벌이기도 한다.

『판문점』 창간호는 1960년 4·19혁명 직후 판문점에서 남북한 기자들의 대화 내
용을 다음과 같이 소개하고 있다.

북측 : “이승만이도 물러났으니 이제 우리 같은 민족끼리 통일문제를 논의해야지? 우선
남북 언론인들이 앞장서서….”

남측 : “이승만이 물러났으니 통일문제를 말하자구? 이승만 박사가 언제 통일을 반대했
던가?”

북측 : “지금까지 통일이 안 된 것은 이승만의 책임이지 뭐야?”

남측 : “좋아. 당신들이 이박사를 통일의 장애물로 생각했다면 우리도 할 말이 있어. 당신
들도 우리 남쪽의 학생들처럼 김일성을 몰아내고 공산당을 배제시키라구.”

북측 : “그건 억지야.”

남측 : “억지? 민족을 분열시키고 동족간의 전쟁을 일으킨 자가 누군데. 김일성과 공산
당을 그대로 두고 통일문제를 말하자는 거냐?”

북측 : “그런 말은 4·19를 일으킨 학생들의 뜻을 모독하는 것이 아닌가? ‘남으로 오라, 북
으로 가자’고 외치는 학생들의 데모가 서울에서 일어나고 있지 않은가?”

남측 : “우리 학생들의 가장 큰 요구는 이 땅에서 독재자를 몰아내고 참된 민주주의를 하
자는 것이야. 당신들도 용감하게 일어나라구.”

북측 : “그건 반동적인 생각이야.”

4·19혁명과 같은 대변혁이 수반되는 과정에서 남북한 기자들의 판이한 생각은

이데올로기가 팽팽하게 대립되는 판문점의 군사정전위원회 회의장 밖에서 자연스럽게 토로되었다. 그러나 그것은 또 하나의 이데올로기 싸움이었다. 각자가 포지한 이데올로기를 수호하고 상대방에게 권유하는 대화는 가치중립적으로 표현하면 월권 내지 내정간섭이며, 이념적으로 표현하면 억지 내지 반동이었다.

판문점에 출입하는 외신기자들도 북한 기자들과 가끔 대화한다. 외신기자들 중 한국어를 잘하는 기자들은 그럴 기회가 상대적으로 많다. 일본 『도쿄신문』 서울특파원 가마다 미쯔도(鎌田光登) 기자와 북한의 『로동신문』 기자의 1960년대 대화 내용은 다음과 같다.

> 일본인 : "한국서는 북한측이 올겨울에도 침공한다고 경계하고 있는데 당신네들은 정말 전쟁을 할 작정이냐?"
> 북한인 : "우리들은 전쟁을 일으키려는 생각고 없고 전쟁을 먼저 일으켜서 이길 공산도 없다. 그러나 만약 미국과 남한이 우리들의 영토에 침공해 오면 그때는 그들에게 괴멸적인 타격을 주겠다."
> 일본인 : "당신네들은 미국을 증오하면서 어째서 미국과 평화협정을 체결하려고 하느냐? 미국이 아니고 한국과 협상해야 되지 않겠느냐?"
> 북한인 : "남한은 미국의 앞잡이니까 상대할 수 없다. 우선 미군을 철수시킨 다음 미국과 평화협정을 체결하고 그 다음 남한 민주세력과 대화를 하는 것이 정도다."

이 일본인 기자는 소속을 밝히지 않은 다른 북한 기자와 1975년 가을에 큰 소리로 논쟁한 적이 있다고 증언한다.

> 일본인 : "한국이라고 하는 국가는…"
> 북한인 : "남한을 어째서 국가라고 하느냐? 미제가 주둔하고 있는 남한은 국가가 아니다."
> 일본인 : "한국을 승인하고 있는 국가는 당신네 나라보다 많다."
> 북한인 : "당신은 오래 서울에 있어서 그놈들의 사상에 감화된 것이다. 당신의 사상은 좋지 않다."

그 순간 다른 북한 기자들이 말리는 바람에 논쟁은 끝났다 한다.

위에 인용한 4·19혁명 직후의 남북한 기자들의 대화와 일본인 특파원과 북한 기자들과의 대화 내용을 종합하면 북한 기자들의 입장은 미국이 점령하고 있는 대한민국을 국가로 인정하지 않으며, 미군을 철수시키고 미국과 평화협정을 맺는 것을 우선 과제로 삼고, 다음에 '우리 민족끼리' 통일을 논의하자는 조선노동당의 노선과 일치하고 있다.

그러나 군사정전위원회는 말씨름으로 그치지 않고 사실을 시인하거나 조사하면 책임문제가 불거져 상부가 난처해질 수 있는 사태나 사건이 아닌 군인이나 민간인들의 우발적 사고로 상대방 지역으로 들어간 사안들에 대해서는 조사한 후 잘못이 드러나면 협정 위반에 대한 책임자의 사과문을 받고 관련자나 시신들을 돌려보낸 사례가 적지 않다.

유엔측이 송환한 공산측 인원은 중공군 작업반 분계선 월경건(1954. 9. 27) 장교 2명, 사병 11명, 북한 어뢰정 격침건(1960. 7. 30) 북한 해군 4명, 군사분계선 상 교전건(1962. 4. 5) 북한군 시신 4구, 동해안 침입 선박 격침건(1978. 5. 19) 북한 어부 8명, 서해안 해상 충돌건(1978. 6. 27) 북한 어부 4명, 강릉 교전건(1982. 5. 15) 북한 군인 시신 1구 등이다.

공산측이 송환한 유엔 및 한국측 인원은 미 해병 L-19기 북한 착륙건(1954. 2. 5) 조종사 피터 중령, 미군 군사분계선 월경건(1954. 5. 25) 미군 1명, 미 공군 T-6기 격추건(1955. 8. 17) 브라운 대위와 범파스 중위의 시신, 한국 공군 F-51기 격추건(1956 11. 7) 조종사 임대위 시신, 한국항공 YS-11기 피랍건(1958. 2. 16) 승객 24명, 미 공군 F-86기 격추건(1958. 3. 6) 조종사 파이퍼 대위, 미 OH-23 헬기 착륙건(1963. 5. 17) 조종사 스텟스 대위와 볼트 대위, 한국 공군 F-86D 격추건(1964. 1. 14) 조종사 시신, 대한항공 YS-11 피랍건(1969. 12. 15)건 승객 39명, 미국 CH-47 헬기 격추건(1977. 7. 14) 생존자 1명, 시신 3구 등이다.

정전협정시 그어진 휴전선

ARMISTICE
LINE

July 27, 1953

MANCHURIA

Tumen R

RASHIN

CHANGJIN

Yalu R

Hun R

Changjin
Reservoir

Chosin
Reservoir

NORTH KOREA

ANTUNG

SINUIJU

HAMHUNG

Chongchon R

Taedong R

HUNGNAM

WONSAN

PYONGYANG

Imjin R

Vesong R

38°

SEOUL

Pukhan R

CHUMUNJIN

INCHON

SOUTH KOREA

Han R

YELLOW SEA

CHUNGJU

Kum R

Nakhong R

POTSUNG

KUNSAN

TAEGU

Nam R

PUSAN

KOREAN STRAIT

오른쪽 위·아래,
판문점 자유의 마
을에 대기중인 구
급차. 상병포로 교
환작전인 일명 '리
틀 스위치 작전'이
시작되었다. 1953.
4. 13.

위, 거제도 포로수용소에서 판문점으로 이송하기 위해 함정을 동원해 공산측 부상포로들을 부산으로 이송했다. 아래, 함정에서 하선중인 공산측 부상포로. 오른쪽 위, 부상포로들을 역으로 태우고 갈 버스가 부두에 대기하고 있다. 오른쪽 아래, 버스에 승차중인 공산측 부상포로. 모두 부산, 1953. 4. 18.

열차편으로 호송되는 공산군 부상포로를 국제적십자사 요원이
안내하고 있다. 1953. 4. 22. 오른쪽 위, 앰뷸런스로 이송중인 공
산측 상병포로. 1953. 4. 14. 오른쪽 아래, 공산측 부상포로가 유
엔군이 제공한 의복을 벗어던지고 있다. 판문점, 1953.

문산 자유의 마을로 귀환하는 유엔군 상병포
로들. 1953. 4. 22.

자유의 마을로 귀환하는 유엔군 상병포로들. 문산,
1953. 4. 22.

자유의 마을로 귀환하는 유엔군 상병포로들. 문산, 1953. 4. 22.

위·아래, 귀환하는
유엔군측 상병포로
들. 1953. 4. 22. 오른
쪽 위, 자유의 마을
에서 귀환 기자회견
중인 유엔군측 상병
포로. 문산. 1953. 4.
23. 오른쪽 아래, 미
군 포로가 들것에 누
운 채 기자들의 인터
뷰에 응하고 있다.
1953. 4. 22.

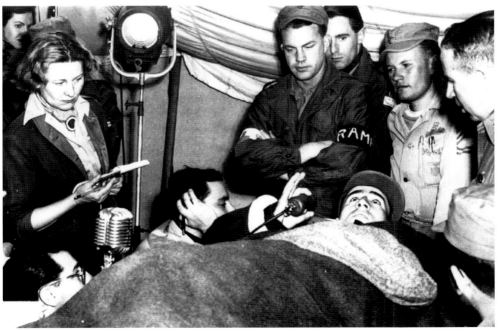

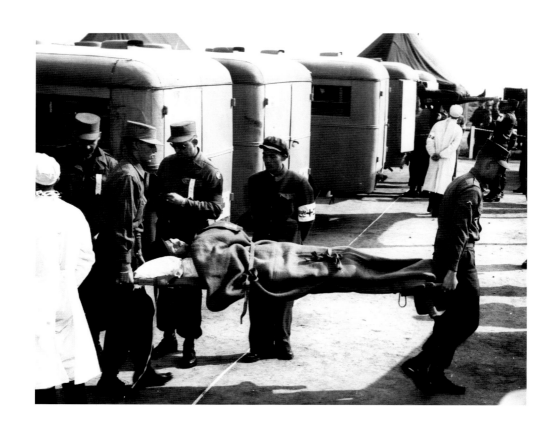

위, 상병포로 이송, 1953. 4. 23. 오른쪽 위, 심각한 환자
들은 헬리콥터를 이용해 판문점에서 문산 자유의 마을
로 이송했다. 판문점, 1953. 4. 21. 오른쪽 아래, 상병포
로 이송. 판문점, 1953. 4. 22.

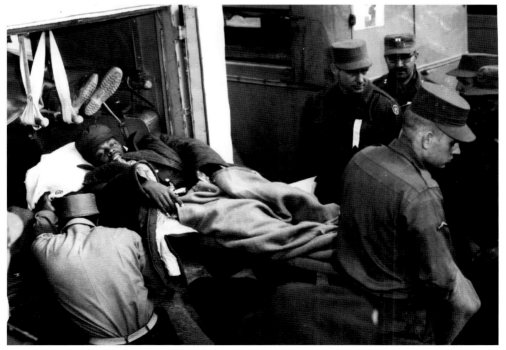

헬리콥터를 이용한 상병포로 수송작전, 1953. 4. 23.

문산에서 헬리콥터를 이용해 이송돼 오는 환자들을 병
원으로 싣고 가기 위해 구급차가 헬기장에 대기하고 있
다. 서울, 1953. 4. 23.

위, 회담장을 떠나는 공산측 정전회담 대표자들. 판문
점, 1953. 4. 6. 오른쪽 위·아래, 정전회담장으로 쓰일
건물을 황급히 짓기 시작했다. 판문점, 1953. 7.

統一吧 亡休戰
TO OPPOSE OfNO UNITY
羊山

정전협정 조인식에서 쌍방 합의서에 서명하는 유엔군측
해리슨 제독과 북측의 남일 대장. 1953. 7. 27.

위, 정전협정서에 서명중인 미해군 해리슨 제독. 1953. 7. 27. 아래, 정
전협정서에 사인한 직후. 오른쪽 위, 정전협정서에 서명하는 김일성.
서 있는 이는 남일·김두봉·박정애, 평양, 1953. 7. 27. 오른쪽 아래, 정
전협정서에 서명하는 유엔군사령관 클라크 장군. 문산, 1953. 7.

위·아래, 침통한 표정으로 기자단에 둘러싸여 기자회견중인 최덕신 정전회담 한국 대표. 당시 이승만 대통령은 휴전을 승인하지는 않았지만 최덕신 소장을 클라크 장군이 정전협정서에 서명하는 곳으로 파견했다. 문산, 1953. 7. 27. 오른쪽 위, 클라크 장군의 사인이 끝난 정전협정서, 1953. 7. 27. 오른쪽 아래, 정전협정조인식을 취재중인 기자들. 판문점, 1953. 7. 27.

위, 피카소의 비둘기 그림을 본떠 붙인 정전회담장. 아래, 회담을 기다리고
있는 기자들. 판문점, 1953. 오른쪽 위, 공산측 경비병들. 판문점, 1953. 오른
쪽 아래, 정전회담 취재차 위해 몰려든 기자들. 판문점, 1953. 7.

군사분계ㅅ
MILITARY
DEMARCATIO

U.S. AR
MP
헌 병

위·아래, 종전 직후 대치중이던 영국군과 중국인민지원군이 만나 담소를 나누고 있다.
1953. 7. 왼쪽 위, 정전기념 대중집회(가운데 김일성). 평양, 1953. 7. 28. 왼쪽 아래, 72시간
내 전선 철수 규정에 따라 주민들의 환송을 받으며 철수중인 중국인민지원군, 1953. 7. 30.

105

위, 오른쪽 위·아래, 고지전으로 황폐해진 전선의 능선, 1953.

판문점으로 가는 인민군 전쟁포로를 실은 트럭 행렬.
문산, 1953. 8. 10.

위, 북으로 가는 공산포로들을 향해 도로변의 학생들이
돌을 던지고 있다. 문산, 1953. 8. 15. 아래, 북으로 돌아
가는 인민군 전쟁포로. 문산, 1953. 8. 10.

유엔군이 지급한 군복을 벗어던진 북송 공산포로들,
AP, 1953. 8. 21.

111

북으로 가는 인민군 전쟁포로들, 1953. 10. 25.

북에서 돌아온 유엔군 포로, 1953. 10. 25.

본국으로의 송환을 거부하고
자유중국을 택한 중국인민지원
군 포로들. 1954. 1. 20.

열차 밖으로 플래카드를 내걸고 북한으로 돌아가는 인
민군 여성 포로들. 1953. 8. 6.

북으로 돌아가며 환호하는 인민군 포로들. 판문점,
1953. 10. 23.

대기소의 공산측 포로들. 판문점, 1953.

위, 인도요원들과 실갱이를 벌이는 공산측 포로, 1953. 아래, 자유의 마을에서 귀환한 유엔군 포로에게 살충제를 뿌리고 있다. 문산, 1953.

위, 귀환하는 국군포로. 오른쪽 위, 국군포로 환영인파.
아래, 국군포로. 용산역, 1954. 1. 20. 사진 출처: 대한민
국정부기록사진집

미군·영국군·한국군 등 북한 잔류 전쟁포로 기자회견.
판문점, 1954. 1. 28.

위, 기자회견을 마치고 돌아가는 북한 잔류 유엔군 포로. 판문점,
1954. 아래, 제네바회의에서 북한측이 제의한 한반도 평화정착을
위한 제의를 환영하고 지지하는 대규모 군중대회. 평양, 1954.

124

제네바 회의에 나타난 남일 외교부장. 1954. 4. 26. AP 전송사진.

위, 6·25 피납인사 구출대회, 1954. 3. 13. 아래, 중앙청 광장에서 열린 북진통일 궐기대회에서 태극기에 혈서를 쓰고 있는 청년, 1954. 4. 26.

중립국감시위원단원들이 북한측이 주장하는 미군의 군
사행동 증거물을 조사하고 있다. 1955. 2.

DMZ의 미군 순찰병들, 1958. 5. 15.

비무장지대 표지판을 설치중인 미군들.

중립국감시위원단으로 활동하다 남한에서 사망한 폴란
드 단원의 시신을 인계하고 있다. 1955. 11

위·아래, 판문점으로 돌
아오는 피랍 한국항공
YS-11 납북 승객 송환.
판문점, 1958. 3. 6.

위·아래, 4월혁명 이
후 남북한 대화와 통
일에 대한 열망이 봇
물처럼 터져나와 연
일 시위가 벌어졌다.
서울 종로, 1960. 5.

제3장 판문점에서 일어난 주요 사건

1. 판문점 자체 사건

가. 이수근 사건

판문점을 통해 북한을 탈출한 지식인이 간첩 혐의를 뒤집어쓰고 대한민국에서 형장의 이슬로 사라졌다.

1967년 3월 22일 북한 조선중앙통신사 이수근 부사장이 판문점에서 취재 도중 북한 경비병의 감시망을 뚫고 첩보영화의 한 장면처럼 대한민국으로 귀순했다. 이어서 북쪽에서 날아온 총알도 그가 탄 차를 세우지는 못했다.

그러나 그의 귀순은 우연히 이뤄지지 않았다. 북한 기자라고 신분을 밝힌 이수근은 한국인 출신으로 유엔군사령부 군사정전위원회 전사편찬관 및 분석관 제임스 리에게 슬그머니 접근해 "남쪽으로 가고 싶은데 좀 도와주세요"라고 간청했다. 제임스 리는 유엔사 수석대표 치콜레라 소장에게 보고한 후 전방지원부대 부대장 톰슨 중령과 전략을 짰다.

톰슨 중령은 군사정전위 표지인 노란 기를 단 세단을 공동 일직장교 사무실 가까이 대기한 채 시동을 걸고 뒷문은 잠그지 않고 있을 테니 북한 기자가 급히 타도록 전하라고 제임스 리에게 말했다. 제임스 리는 이수근과 따로 만나 전략을 숙지시켰다.

그러나 이수근은 실수로 다른 차로 뛰어들었다. 영문을 모른 운전병이 그대로 있는 사이 급히 달려온 북한 경비병 2명이 이수근을 끌어내리려고 했다. 톰슨 중령은 차 앞자리로 급히 타면서 빨리 남쪽으로 질주하라고 명령했다. 그 순간 유엔사 경비 책임장교 바이어 대령이 북한 경비병 2명을 차 뒷문에서 밀어냈다. 이수근의 귀순은 이처럼 극적으로 이뤄졌다.

중앙정보부는 이수근을 조사한 결과 위장 귀순이 아니라고 결론짓고 그를 판단관으로 채용하여 승공 연설원으로 활용했다. 이수근은 대중매체와 외신들의 화려한 조명을 받은 만큼 지명도가 높아 세상 사람들의 이목을 끌었다. 그러나 그는 북한체제를 비판하면서도 노골적으로 비방하지는 않았다.

대한민국으로 귀순한 지 2년이 가까워 가는 1969년 1월 27일 위장 콧수염을 단 이수근은 처조카 배경옥과 함께 위조 여권으로 김포공항을 떠나 홍콩으로 갔다. 1월 31일 베트남 사이공의 탄손누트 공항에 착륙한 여객기 안에서 그와 배경옥은 주월 한국대사관 이대용 공사와 중앙정보부 요원들에게 체포됐다.

그 직후 이수근은 정보부의 한 간부와 이렇게 대담했다.

[문] 왜 이런 짓을 했나?
[답] 북쪽이 싫어서 내려왔는데 남쪽에도 자유가 없더군요. ㅇㅇㅇ가 나를 일일이 감시하고 수시로 불러서 북쪽과 연락하지 않았느냐고 추궁하면서 때리고 내 발을 향해 권총을 쏴 위협하지 않나….
[문] 그래도 남한이 북한보다 낫지 않나?
[답] 그렇지요. 그래서 탈출했는데 남쪽도 틀렸어요. 자유도 없고, 독재고 해서 스위스 같은 중립국에 가서 살려고 했어요. 남쪽, 북쪽을 다 경험한 것을 책으로 쓰면 한 40만 달러에서 1백만 달러는 벌 수 있지 않겠습니까?

이수근이 김포공항을 탈출한 사실을 몰랐다가 이대용 공사가 체포해 화를 면한 김형욱 중앙정보부장은 중정으로 하여금 수사를 진행케 하여 1969년 2월 13일 이수근이 위장간첩이라고 발표했다. 대중매체들은 이 발표문을 대서특필하면서 "그놈이 그럴 줄이야" "사형도 모자란다" 등의 제목이 말해 주듯 매우 부정적인 시각으로 이 사건을 보도했다.

서울지검 공안부는 중앙정보부로부터 사건을 넘겨받아 수사한 결과 1969년 3월 22일 이수근, 배경옥 등 4명을 국가보안법, 반공법 위반 등 혐의로 구속 기소했다. 1967년 3월 22일 목숨을 걸고 귀순한 이수근은 꼭 2년 후 수갑이 채워진 채 국가보안법 등 위반 혐의로 법정에 서야 할 비극의 주인공이 됐다.

서울형사지법 합의6부는 심리를 신속하게 진행해 5월 10일 이수근, 배경옥에 대해 사형을 선고했다. 이수근은 5월 17일까지 항소하지 않아 사형이 확정됐다. 그가 왜 항소를 포기했는지는 정확히 알려진 바 없다. 그는 7월 2일 오전 11시 서울 구치소에서 교수형으로 목숨이 끊겼다.

배경옥은 항소심에서 사형에서 무기징역으로 감형됐다. 그녀는 다시 대법원에 상고했지만 1969년 12월 23일 상고 기각으로 무기징역이 확정됐다. 그 후 징역 20년으로 감형된 배경옥은 1989년 12월 22일 출소한 후 『월간조선』 1990년 3월호에 '나는 간첩이 아니었다'라는 수기를 썼다.

조갑제 월간조선 편집장은 광범한 취재를 토대로 월간조선 1989년 3월호에 '이수근은 간첩이 아니었다'는 제목의 파격적인 기사를 게재했다. 이를 시발점으로 각 대중매체들이 이 사건의 진상을 밝히려는 노력을 경주했다.

조갑제 편집장은 월간조선 1991년 10월호에 망명한 조선노동당 간부의 증언을 토대로 이수근이 처형된 직후 노동당 비밀강연 내용이 "변절자의 말로는 이렇다"였음을 보도했다. 다시 말하면 이 사실은 이수근이 북한을 탈출한 변절자였지 북한이 위장해서 귀순시킨 간첩이 아니라는 반증이다.

진실과 화해를 위한 과거사정리위원회는 배경옥의 진실 규명 신청에 따라 이 사건을 조사한 후 2006년 12월 19일 "이수근이 중앙정보부의 지나친 감시 및 재북 가족의 안위에 대한 염려 등으로 피고인 배경옥과 함께 한국을 출국하자 당혹한 나머지 이수근을 위장간첩으로 조작, 처형하여 귀순자인 이수근의 생명권이 박탈된 비인도적, 반민주적 인권유린사건으로 결정한다"라고 발표했다.

서울고등법원은 2007년 2월 26일 배경옥 등의 재심 신청을 받아들이기로 결정했다. 서울고등법원 제6형사부는 2008년 12월 29일 선고 공판에서 "이수근이 위장 귀순한 간첩으로서 반국가단체의 구성원 또는 그 지령을 받은 자라는 점과 관련하여 검사가 제출한 증거들은 증거 능력이 없거나 증명력이 없는 것이어서, 위 각 증거들만으로는 이를 인정하기에 부족하고, 달리 이를 인정할 증거가 없다"라고 판시했다. 이에 따라 이수근과 배경옥 등에게 씌워진 간첩이란 법률적 굴레는 벗겨졌다.

북한 조선중앙통신사 부사장 신분으로서 판문점을 통해 북한을 탈출했다가 대한민국에서 2년여 만에 목숨이 끊긴 이수근의 삶과 죽음에는 분단민족의 아픔이 배어 있다.

나. 핸더슨 소령 구타사건

북한측은 한국전쟁이 일어난 6월 25일부터 정전협정이 조인된 7월 27일 사이의 한 달 동안 해마다 관영매체와 군사정전위원회를 통해 반미 투쟁을 선동해 왔다. 더구나 1975년 4월 30일 베트남이 공산화 통일을 이룩하자 사기충천한 북한이 관영매체를 통해 미국을 신랄하게 비난하면서 판문점에도 긴장감이 팽배했다.

1975년 6월 30일 오전 11시 군사정전위원회 제364차 본회의가 개최됐다. 북한측 수석대표 김풍섭 소장은 회의가 시작되자마자 "남조선 괴뢰들이 미제의 사주를 받아 DMZ 안에 요새화 진지를 구축하고 있으며 기관총과 중화기를 불법으로 도입하고 있다. 남조선에서 미제는 철거해야 한다"라고 비난했다. 이에 유엔군 수석대표 스미스 미 육군소장은 김풍섭의 주장을 강하게 반박하기 시작했다.

북한측 경비병과 유엔군측 경비병은 당시 공동경비구역 안에서 함께 경비했다. 유엔군사령부 핸더슨 소령은 행정 담당이지만 그날 지원부대장이 휴가중이었으므로 지원부대장의 임무를 대리하고 있었다.

핸더슨은 경비병들을 지휘하면서 김풍섭의 긴 연설이 계속되는 동안 군사정전위원회 회의장과 중립국감독위원회 회의장 사이에 있는 벤치에 모자를 벗은 채 편한 자세로 앉아 있었다.

그때 배수동 또는 한철로 알려졌으며 기자 완장을 찬 북한측 남자가 벤치 앞을 지나면서 "길을 비켜 달라"라고 요구했다. 그러나 핸더슨 소령은 길을 막고 있지 않았으므로 들은 척도 하지 않았다. 키가 왜소한 이 북한 기자는 핸더슨 소령이 앉아있던 벤치 위로 올라가 핸더슨 소령의 노란 머리를 만지며 장난쳤다.

모욕을 당한 핸더슨 소령은 벌떡 일어나 배수동의 손을 뿌리치며 화를 냈다. 배수동은 핸더슨의 얼굴에 침을 뱉으며 "미국놈은 물러가라(양키 고 홈)"라고 외쳤다. 핸더슨과 배수동은 거의 동시에 주먹을 뻗었다. 그러자 경비병 완장을 차지 않은 인민군이 핸더슨의 뒤통수를 주먹으로 쳐서 쓰러뜨렸다. 북한 경비병들은 벌떼처럼 달려들어 쓰러진 핸더슨의 얼굴을 주먹으로 치고 머리, 목, 가슴 등을 군화발로 짓밟았다. 가까이 있던 미군 경비병들과 인민군 경비병들이 달려들어 집단싸움으로 번지려 했다.

그 순간 인민군 경비대장(중좌)이 달려가 인민군 경비대원들을 가로막으며 싸움을 말렸다. 그러나 핸더슨의 뒷머리를 주먹으로 난타해서 쓰러뜨린 경비병 완장을 차지 않은 군인은 경비대장의 만류에도 불구하고 의식을 잃은 핸더슨에게 폭력을 행사하려고 했다. 그는 경비대의 지휘 계통에 있지 않은 특수한 신분의 군인으로 보였다.

이 돌발적인 구타사건이 일어났을 때 취재기자들 중 현장 가까이 있었던 중앙일보 사진부 이창성 기자는 인민군이, 쓰러져 누워 있는 핸더슨을 군화발로 짓밟는 모습을 카메라에 담아 특종으로 보도했다. 이 사진은 외신에도 크게 실렸다. 이 기자는 이 사진으로 그해 한국기자상을 받았다.

부상한 핸더슨 소령은 유엔군측 경비병들에 의해 곧 헬기로 후송돼 미국에서 치료를 받았다. 그는 후두부와 늑골에 골절상을 입고 목과 가슴이 시커멓게 멍이 드는 등 중상을 입은 것으로 나타났다. 핸더슨을 공격한 인민군들은 주위에서 말리지 않았다면 그의 목숨을 끊을 수도 있을 정도로 살기가 등등했다.

유엔군사령부 제임스 리 특별고문은 이 사건을 "돌발적인 충돌사건이기보다는 기회를 엿보다 북한측이 일으킨 사건"이라고 평가했다. 그는 그 이유로서 첫째, 배수동은 판문점에서 여러 번 도발적 행위를 한 요주의 인물로 알려진 점, 둘째, 경비병 완장도 차지 않은 한 군인이 경비대장이 명령을 거절하고 계속 핸더슨을 공격하려고 한 점에서 그의 직책과 소속이 의심스러운 점, 셋째, 이 사건이 일어나기 두 달전부터 북한측 경비병들이 자기들 초소 옆을 지나는 유엔측 경비 차량을 향해 권총을 빼드는 등 위험한 행동을 한 점 등을 예시했다.

핸더슨 소령 구타사건을 의제로 다룬 군사정전위원회 제365차 본회의에서 북한측 수석대표는 "이 사건은 핸더슨이 먼저 공화국 기자의 면상을 횡포 무도하게 치는 폭행을 가함으로써 일어난 것"이라고 풀이하면서 "유엔측이 이 사건에 대해 먼저 사과해야 한다"라고 말문을 꺼냈다.

이에 유엔사 수석대표는 "앞으로 더 중대한 사건이 판문점에서 일어나기 전에 좀더 적극적인 조치를 취해야 한다"면서 아래와 같이 제의했다.

첫째, 판문점에서 근무하는 경비병들은 무기를 휴대하지 않을 것
둘째, 쌍방은 불필요한 경비초소를 제거하는 방법을 연구할 것
셋째, 쌍방 경비 인원들은 상대방 경비 인원들과 담화나 접촉을 삼갈 것
넷째, 쌍방은 본회의를 하는 날은 경비병과 방문객의 수를 최소한으로 제한할 것

그러나 북한측 수석대표는 "유엔측은 핸더슨이 살아서 제 소굴로 돌아간 것으로 만족해야 할 것"이라면서 다음과 같이 연설했다.

당신들 미제 침략자들은 인도차이나에서 참패를 당한 후에 자기들의 수치스러운 면목을 가리며, 아세아에서 날로 파탄되어 가고 있는 자기들의 침략정책을 수습하기 위해 남조선을 아세아의 지탱점으로 더욱더 틀어쥐고 발악적으로 책동할 뿐 아니라 핵무기까지 휘둘러 대면서 최후의 발악을 하고 있다.

미제 침략자들이 우리의 거듭되는 경고를 듣지 않고 새로운 전쟁을 일으킨다면 우리 인민과 인민군 장병들은 침략자들을 철저히 소탕하고 남북조선 인민의 단합된 힘으로 나라의 자주적 통일을 이룩할 것이다.

인민군들이 핸더슨 소령을 잔인하게 구타해서 중상을 입혔음에도 불구하고 북한측은 끝내 이 사건에 대해 사과하지 않았다. 중상을 입은 핸더슨 소령은 미국에서 치료를 받고 건강이 회복된 후에도 당시의 충격으로 한동안 언어장애를 겪었다. 그는 제대한 후 한국문제와 관련된 미국 정부기관에서 근무했다.

다. 도끼만행사건

판문점에서 미루나무 한 그루를 둘러싼 시비 끝에 인민군들이 미군 장교 2명을 도끼로 쳐 죽인 사건이 세계인을 깜짝 놀라게 했다.

판문점 공동경비구역 안에 있던 15미터 가량 자란 25년생 미루나무는 한 그루 나무였지만 유엔군과 공산군의 신경을 상반적으로 곤두서게 했다. 유엔군 입장에서는 판문점 회의장 서쪽 끝 언덕 위의 제5관측소에서 북한측이 판문점 공동경비구역으로 들어오는 통로인 사천(泗川) 위 '돌아오지 않는 다리'와 그 다리 앞에 설치된 유엔사 제3초소를 관측하는 데 이 나무가 시야를 가리는 장애물이었다. 그러나 북한측 입장에서는 이 나무가 자신들의 거동을 가려 주는 고마운 존재였다.

1976년 8월 6일 유엔사 전방 지원부대 작업반의 지시에 따라 한국근로부대(KSC) 소속 노동자 4명은 경비병들과 함께 이 미루나무를 베러 들어갔다가 북한측 경비병들의 협박에 쫓겨나왔다. 이것은 북한측이 이 나무를 작전상 중요하게 여긴다는 반증이었다. 이에 유엔사 전방지원부대는 북한측의 반발을 고려해 나무를 베지 않고 가지만 치기로 결정했다.

8월 18일 오전 10시 30분경 유엔사 경비대장 보니파스(Arthur G. Bonifas) 대위와 소대장 베럿(Mark T. Barret) 중위, 한국군 대위 한 명 등 11명은 KSC 소속 한국인 노동자 5명을 데리고 현장에 들어갔다. 군인들은 미루나무 가지치기를 하는 노동자들을 보호하고 있었다.

몇 분 지나지 않아 인민군 박철 중위 등 경비장교 2명과 경비병 9명이 트럭을 타고 달려와 미루나무 앞에서 급정거했다.

"무슨 공사를 하고 있느냐?"

"가지치기를 하고 있다."

"좋다."

인민군 장병들은 15분 가량 작업을 지켜봤다. 북한 경비병들이 입을 열어 이 가지는 쳐도 좋고 저 가지는 쳐서는 안 된다는 식으로 간섭했다. 한국인 노동자들이 그들의 말을 흘리고 이 가지 저 가지를 쳐 갔다. 그러자 인민군 장교 한 명이 말했다.

"작업을 그만두라. 나뭇가지를 더 자르면 큰 문제가 생긴다."

그러나 보니파스 대위는 나무 위의 노동자들에게 명령했다.

"작업을 계속해!"

그러자 인민군 장교는 한국인 노동자들에게 "작업을 중지해!"라고 버럭 고함을 질렀다. 겁에 질린 근로자들이 작업을 중단했다.

화가 난 보니파스 대위가 노동자들에게 작업을 계속하라고 다시 독려했다. 박철은 '돌아오지 않는 다리' 건너편으로 경비병 한 명을 보내 많은 경비병을 데리고 왔다. 북한군 경비병 수는 이제 30명으로 늘었다. 박철 중위는 시계를 풀어서 주머니에 넣었다.

그는 갑자기 "죽여!"라는 신호와 함께 보니파스 대위를 가격해 쓰러뜨렸다. 북한 경비병들이 우르르 달려들어 보니파스를 짓밟고 몽둥이와 곡괭이로 내리쳤다 그들은 한국인 노동자들이 버리고 달아난 도끼를 집어 들어 뒷머리로 보니파스의 얼굴을 여러 차례 내리쳤다. 이것은 조선시대의 백정들이 도끼로 소의 머리를 가격해서 쓰러뜨린 행동과 흡사했다.

인민군 경비병들은 옆에 있던 베럿 중위도 덮쳐서 그의 얼굴도 곡괭이와 도끼로 찍었다. 그러나 베럿은 필사적으로 도망쳐 유엔군 제3초소 동쪽 50미터 지점 도로변 숲 속에서 쓰러졌다. 두 장교는 서울로 후송하던 헬기 안에서 순직했다.

유엔군측은 경비대장 보니파스 대위가 쓰러져 나머지 경비병들을 지휘할 사람이 없었던데다 예상치 못한 북한측 공격이 3~4분 만에 끝나 6백 미터 밖에 대기중이던 유엔군 기동타격대가 출동할 겨를이 없었기 때문에 속절없이 당하고 말았다.

정전 성립 이후 도끼만행사건 이전까지 인민군에 의해 비무장지대와 그 부근에서 죽은 미군 병사는 49명이나 된다. 그러나 도끼로 난타당해 얼굴을 알아볼 수 없을 정도로 훼손된 채 숨진 잔학한 사례는 보니파스 대위와 베럿 중위의 경우가 처음이다.

북한측은 사건이 벌어진 직후 그날 정오에 사건 현장에서 쌍방 경비장교 회의를 열자고 전통문을 보내왔다. 경비장교 회의에 나갈 경비 책임장교 보니파스 대위를 살해하고서 경비장교 회의를 갖자는 것은 이 사건을 희화하고 그 의미를 축소하자는 의도가 내포된 것으로 이해됐다.

당시 유엔군사령관 리차드 스틸웰 육군 대장은 일본에 휴가를 즐기고 있었다. 그는 이 사건을 통보받자마자 여객기 대신 전투기 뒷자리에 타고 18일 오후 10시 40분 용산의 미 육군 게리슨 영내에 도착했다.

그는 20분 후 사령관실에서 부사령관, 참모장, 부참모장, 각 참모부장, 군정위 수석대표, 군정위 비서장 등이 포함된 지휘부서요원 회의를 소집했다. 그는 책상 앞을 왔다 갔다 하면서 참모들에게 외쳤다.

"우리 젊은 장교 두 사람이 놈들한테 살해됐다. 빌어먹을, 그놈의 나무를 잘라버려야 겠어. 우리가 이제 어떻게 해야 할지 나한테 말들 해 봐."

스틸웰은 참모들의 의견을 들은 뒤 자신의 생각을 정리하여 세 가지 문서 즉 첫째는 이튿날 군사정전위에서 마크 프루덴 해군 소장이 발표할 항의 성명, 둘째는 조선인민군 최고사령관 김일성에게 보낼 자신 명의의 서한, 셋째는 미루나무 제거작전서를 작성토록 지시했다.

사건 당일인 18일 오후 북한측은 계속 쌍방 경비장교 회의를 고집했다. 유엔사측은 사안의 심각성에 비춰 군사정전위 전체회의를 소집하자고 했다. 결국 양측은 19일 오후 4시 쌍방 경비장교 회의와 군사정전위 본회의를 동시에 개최하는 것으로 타협했다.

제379차 군사정전위원회 본회의에서 유엔측 수석대표는 도끼만행사건 사진을 제시하면서 스틸웰 유엔군사령관이 김일성 조선인민군 최고사령관에게 보내는 다음과 같은 항의문을 낭독했다.

"어제 공동경비구역에서 조선 인민군 경비부대 인원들은 유엔사 경비부대 인원들에게 가혹한 적대행위를 저질렀다. 이 사건은 조선 인민군의 호전적이며 극악한 행위로 유엔사 경비장교 두 명의 죽음을 가져왔다.

이 사건은 군사정전위원회의 구성 자체를 위태롭게 했을 뿐 아니라 쌍방이 1953년 7월에 합의한 공동경비구역의 중립성을 위배하고 정전협정에 관해 국제적으로 인정된 관례와 규약을 위반하는 행위다. 휴전에 정식으로 서명한 이래 과거 23년 동안 전혀 없었던 공동경비구역 경비 인원들의 공공연한 무자비한 살인사건은 계획되지 않은 우발적 언쟁으로 빚어진 사건은 아니다.

본인은 당신이 앞으로는 이런 사건이 다시는 일어나지 않을 것이라는 담보를 할 것을 요청하는 바이다."

그러나 북한측 수석대표는 아래와 같이 발언했다.

"유엔사 작업인원 몇 명이 경비병 10여 명의 호위를 받으며 도로 옆에 서 있는 그 나무를 자르기 시작했다. 우리 경비병 4명이 그곳에 가서 그 나무는 우리가 심고 기른 것으로 도로를 튼튼하게 하는 것이라며 약 30분 동안 자르지 말라고 설득했었다.

그리고 반드시 잘라야 한다면 북한측과 상의해서 합의를 본 다음에 해야지 일방적으로 자르면 안 된다고 했다. 그러나 유엔사측 경비원들은 인민군의 요구를 무시하고 인민군 경비병들에게 도발적인 행위를 시작했다. 그래서 인민군 경비병 5명이 부상을 입어 자위적 조치를 취할 수밖에 없었다.

이번 사건은 유엔측이 계획적으로 자행한 도발행위이며 판문점 공동경비구역에서 긴장을 조성시키는 목적으로 꾸며진 것이다. 그럼에도 불구하고 유엔사측은 '야만한 살인사건'이니 '잔인한 행위'이니 하면서 우리를 욕하면서 자기들의 범행을 가리려 하고 있다."

스틸웰 사령관은 8월 19일 0시경 미루나무 제거작전을 참모와 지휘관에게 지시하고 오전 2시 미 국방장관, 합참의장 등에게 작전 내용의 윤곽을 보고했다. 오전 5시 30분 합참의장 대행 할러웨이 제독은 캔자스에 있던 포드 대통령에게 전화로 보고하고 12명으로 구성된 워싱턴 특별대책반에서 보복조치로 논의되었던 사항들을 스틸웰에게 통보했다.

유엔사는 8월 19일 오전 11시 한국에 '데프콘3(Defense Readiness Condition 3) 즉 예비경계태세를 발령했다. 유엔측은 미군방송을 통한 임시발표에서 휴가중이거나 부대를 떠나 있는 전 장병에게 즉시 복귀하도록 명령하였다.

미 국방부, 하와이의 태평양사령부, 서울의 유엔군사령부에 비선 전화망이 연결됐다. 미 2사단, 한미 1군단, JSA 작전현장엔 직통전화선이 가설됐다. 스틸웰은 19일 오후 미 2사단과 한미 1군단의 작전 준비상황을 점검하면서 워싱턴의 최종 작전명령을 기다렸다.

북한은 김일성 조선인민군 최고사령관 명의로 인민군과 로농적위대, 붉은청년근위대 등에 전투태세에 들어가도록 명령한 데 이어 '북풍1호(준전시상태)'를 선포했다. 일전 불사할 결의를 북한도 다진 것이다.

워싱턴 특별대책반은 스틸웰의 작전계획을 놓고 2차례 비밀회의를 가졌다. 키신저 국무장관은 포드 대통령을 만나기 위해 캔자스로 날아갔다. 포드 대통령은 8월 20일 밤 11시 15분 폴 버니언 작전(미루나무 제거작전)을 최종 결심했다. 작전명령은 워싱턴의 합참을 거쳐 스틸웰에게 20일 오후 11시 45분에 하달됐다.

8월 21일 오전 6시 48분 비에라 중령이 지휘하는 태스크포스팀이 키티호크 기지를 출발하면서 폴 버니언 작전은 시작됐다. 한미 양군의 엄중한 경호를 받으며 미군 공병들이 전기 줄톱으로 미루나무를 밑둥만 남긴 채 잘랐다.

이 작전이 진행되는 동안 유엔군은 데프콘2(공격준비태세)를 발령했다. 핵탑재가 가능한 F111전투기 20대가 미국 본토에서 날아왔고, 괌에서는 B-52 폭격기 3대, 오키나와 미 공군기지에서는 F4 24대가 한반도 상공을 선회했다.

또한 함재기 65대를 탑재한 미 7함대 소속 항공모함 미드웨이호가 순양함 등 중무장한 5척의 호위함을 거느리고 동해를 북상하여 북한 해역으로 이동했다. 고요하던 동해가 항모 전단이 가르는 물살로 요동했다.

미국이 주도한 미루나무 절단작전에는 태권도 유단자로 구성된 제1공수 특전여단 소속 한국군 64명과 1사단 수색대도 참여하였다. 당시 특전사 장병들은 카투사병으로 위장하여 '돌아오지 않는 다리' 입구에서 경계근무를 했다. 이들은 공동경비구역 안에서 무기 휴대가 금지되었음에도 불구하고 M16소총, 수류탄, 크레모아 등으로 무장하고 북한군을 살해하기 위해 '특전사 자체계획'하에 움직였다.

특전사 장병들은 나무가 절단되기까지 북한 인민군이 공격해 오지 않자 공동경비구역 안의 북한군 제5·6·7·8초소를 파괴하고 무력을 과시하며 북한군의 사격을 유도했다. 그러나 당시 북한군에는 "도발하지도 말고 도발에 걸려들지도 말라"는 명령이 내려져 있었기 때문에 더 이상의 충돌은 일어나지 않았다.

미루나무가 베인 후 북한은 21일 오후 긴급 수석대표회의를 요청해 김일성의 '유감성명'을 전달했다. 미국은 북한의 성명이 잘못을 인정한 것이 아니라는 이유로 받아들이기를 거부하다가 24시간 만에 태도를 바꿔 이를 수락했다. 이로써 미루나무 제거작전은 끝났다.

유엔군과 인민군은 판문점에서 9월 6일 군사정전위 제446차 비서장회의를 통해 그동안의 판문점 '공동경비'를 군사분계선에 따라 '분할경비'할 것을 합의했다. 이에 따라 판문점 내의 공동경비구역에 새로운 군사분계선이 설정됐으며 그동안 군사분계선 남쪽에 있었던 북한군 4개 초소가 철거됐다.

미국은 김포공항에서 영결식을 갖고 고국으로 운구된 보니파스 대위와 베럿 중위의 유해를 국립묘지에 안장했다. 한편 북한측은 인민군들이 두 미군 장교를 살해한 도끼를 판문점 북측 정전협정 조인장에 전시하고 있다.

라. 김훈 중위 사망사건

"탕!" 1998년 2월 24일 정오경 판문점 공동경비구역 경비대대 2소대장 김훈 중위가 241GP 3번 벙커에서 오른쪽 관자놀이에 맞은 총알이 왼쪽 뺨으로 뻗치면서 왼쪽 뺨과 코에 피를 흘린 채 주저앉은 상태로 숨졌다.

민족 분단의 상처가 깊게 패인 곳, 1953년 7월 27일 체결된 정전협정에 따라 총성이 멎고 유엔군과 인민군이 공동으로 경비하는 판문점 경내의 241GP는 판문점으로부터 북동쪽으로 약 1.5킬로미터, 대대본부로부터 북서쪽으로 약 5.2킬로미터에 위치한 남측 최전방 관측소다.

241GP의 지상시설은 소대장실, 식당, 2개의 막사, 3개의 감시탑으로 이루어져 있다. 상황실(TOC)과 16개의 지하벙커는 서로 연결돼 있다. 사망 현장인 3번 벙커는 상황실로 부터는 약 72미터 떨어져 있는 가로 2.56미터, 세로 2.5미터, 높이 2.4미터의 캘리버 50 기관총 진지다.

대낮에 대한민국 육군 중위가 총에 맞아 죽은 사건은 첫째, 범인이 누구인가?, 둘째, 범인은 왜 김 중위의 목숨을 끊었는가? 셋째, 대공 용의점은 없는가?라는 점에서 세인의 이목을 집중시켰다.

공동경비구역의 남쪽 경비는 유엔군사령부가 담당한다. 사건이 발생한 직후 시신 부근에서 부소대장 김모 중사가 무전기로 "소대장이 자살한 것 같다"라고 중앙통제실로 보고하는 것을 김모 병장이 들었다.

12시 50분 대대장 러펜버그 중령이 김 중사의 안내로 벙커에 들러 김훈 중위의 시신을 확인하고 돌아갔다. 이어 12시 53분부터 오후 1시 사이에 미군 정보장교 클라크 대위와 중대장 김익현 대위가 들렀다. 미군 포터 하사가 클라크의 지시에 따라 오후 1시 10분 숨진 김훈 중위와 현장 사진을 찍었다. 오후 1시 25분 앰블란스에 탄 군의관 아리스 대위가 현장에 도착해 사망을 확인했다.

오후 3시 30 미군 CID 소속 수사관 4명은 현장 감식을 실시하고 M9 베레타 권총과 탄피, 전투모, 사망한 김 중위의 손을 면봉으로 닦아낸 시료 등 유류품들을 수거했다. 미군 군의관은 캠프 보니파스 내의 대대 의무실로 후송된 김훈 중위의 시신에서 총알이 들어간 오른쪽 관자놀이 부위를 깨끗이 닦아냈다.

그러나 일반적으로 총구를 피부에 대고 쏘는 밀착접사의 경우 화약흔은 피부 표면에 남지 않고 모두 총알이 지나간 인체 조직 내부에서 검게 나타난다. 반대로 총구와 피부가 떨어진 근접사의 경우 사입구 주변으로 검은 매연이 흡착되고 총알이 지나간 인체 조직 내부는 깨끗한 상태를 유지한다.

한편 미 육군성 범죄수사연구소는 미군 범죄수사대(CID) 수사관들이 사건 현장에서 수거한 유류품에 대해 감식한 결과를 1998년 3월 30일 통보했다. 이 감정서는 "면봉으로 채취한 잔류물들의 감정 결과 가시적 매연 같은 잔류물이 존재하며 극히 고도의 안티몬과 바륨이 존재함. 이러한 사실들은 김훈 중위의 왼쪽 손바닥이 총이 발사될 때에 총구 또는 화약 방출구에 매우 가까이 밀착되었다는 이론과 일치함"이라고 판단했다.

이와 같은 사실을 종합하면 오른손잡이인 김훈 중위의 오른손으로 총을 쏜 것이 아니라 왼손으로 총구를 막았다는 추론을 가능케 한다. 다시 말하면 이 점은 김훈 중위가 자살한 것이 아니라 타살됐을 가능성을 제기하며, 사건 당시 김 중위가 범인을 향해 완강하게 저항한 정황을 암시한다.

이밖에도 사고 현장에 있던 크레모어의 스위치 박스가 파손된 점, 김 중위의 시계가 둔탁한 물체에 가격당해 깨져 있었던 점, 김 중위의 정수리에서 맞은 것으로 추정되는 피명이 발견된 점 등이 당시 타살 가능성을 뒷받침할 증거로 제시됐다.

그러나 군 수사기관은 시종일관 김훈 중위의 사망원인을 자살로 발표했다. 현장 감식이 있기 두 시간 전에 군 내부에서 이미 자살로 보고됐다. 미군은 사건 당일 저녁 청소를 하는 등 현장을 훼손했다. 이런 점 등이 초동수사의 미흡으로 지적된다.

김훈 중위의 유가족을 비롯해서 그의 사인에 의혹을 품은 단체들의 끈질긴 진상 규명 요구도 결정적인 증거가 훼손 내지 인멸돼 빛을 보지 못하고 있다. 남과 북이 대치하고 있는 판문점 공동경비구역에서 일어난 자살설과 타살설이 맞서 있는 이 사건은 만일 타살설이 맞으면 범인이 양심선언을 하고 죄상을 고백하기 전에는 전모를 파악하기 어려운 상황이다.

국회는 국방위원회 내에 '김훈 중위 사망사건 진상파악 소위원회'를 구성하여 조사활동을 벌인 결과 1999년 5월 31일 부실수사에 대한 의문 15가지를 예시하며 "진실의 은폐는 역사의 순리가 아니다"란 이유로 군 수사보고서의 접수를 거부하고 김훈 중위에 대한 타살 가능성을 제기했다.

대법원은 김훈 중위 유족들이 군이 서둘러 자살이라고 결론짓는 등 사건을 조작한 의혹이 있다면서 국가를 상대로 낸 손해배상 청구소송에서 "국가는 유족들에게 1200만원을 지급하라"며 원고 일부 승소 판결한 원심을 확정했다고 2006년 12월 13일 밝혔다.

재판부는 판결문에서 "사건의 초동수사를 담당한 군 사법경찰관은 현장조사와 현장보존을 소홀히 하고, 주요 증거품을 확보하는 조치를 취하지 않았을 뿐만 아니라 소대원들에 대한 알리바이 조사도 상당 기간이 경과된 뒤에 형식으로 하는 등 잘못이 적지 않다"라고 판시했다.

군의문사진상규명위원회는 2009년 10월 21일 자살 동기 및 근거가 충분하지 않아 그 개연성을 단정할 수 없고, 타살의 정황 및 근거로 삼을 수 있는 사실 및 자료가 일부 존재하나 그것만으로는 망인이 타살되었음을 뒷받침하기에 충분하다고 보기 어렵다는 이유로 '진상 불능'으로 결정한다고 밝혔다.

국민권익위원회도 2012년 8월 7일 "수사 초기 김훈 중위가 자살한 것이라는 예단이 부대 내·외부에 지배적이었고 그런 정황이 수사기관의 수사에 어떤 영향을 미친 것으로 보이며 그 결과 현재로서는 실체적 진실이 무엇인지 규명할 수 없는 상황에 처했다"라고 판단하고 "초동수사 과실로 김훈 중위의 자·타살 규명이 불가능해진 경우 그 사망을 순직으로 인정해야 한다"라고 육군본부에 권고했다.

김훈 중위 사망사건은 초기에는 진상을 규명할 수 있었지만 시간이 흐를수록 오리무중으로 빠졌다. 경기도 고양시의 한 군부대 영현보관소에 안치된 김 중위의 시신은 국방부가 '전공사상자처리 훈령'을 개정하면 순직으로 분류돼 국립 현충원에 안장될 수 있다.

2. 판문점 경유 사건

가. 1·21사태

북한이 파견한 무장 군인들이 청와대를 습격하려다 미수에 그친 사건이 판문점 군사정전위원회에서 상반된 말싸움으로 스쳐 지나갔다.

1968년 1월 21일 밤 10시부터 열흘 동안 대한민국 수도 서울과 경기도 일원에 비상경계를 야기 시킨 1·21사태는 박정희 대통령을 살해하고 대한민국에 일대 혼란을 초래하기 위해 침투한 북한 특공대가 대한민국의 안보와 치안을 뒤흔든 사건을 의미한다.

북한 민족보위성 정찰국 소속 제124군부대가 이 사태로 세인의 이목을 받았다. 1967년 4월에 창설된 이 특수부대는 일반 군부대와 제283군부대 및 집단군 도보정찰소에서 엄선된 정예병 2,400명으로 구성되었다.

이들은 평안북도 상원군과 황해북도 연산군 등 8개 기지에 300명씩 나뉘어 훈련을 받았다. 각 기지는 대한민국의 8도를 하나씩 담당해서 특수 임무를 수행하기 위해 존재했다. 교육의 내용은 지형학, 사격, 침투훈련, 적 배치 상황이론, 지뢰 극복을 위한 정찰병 기본동작, 무술, 체포됐을 경우 자결 방법 등이었다.

김정태 정찰국장이 1968년 1월 2일 서울과 경기도를 담당하는 제6기지에 청와대, 미 대사관, 육군본부, 서울교도소, 서빙고 간첩수용소 등을 일제히 습격하기 위한 작전을 수립하라는 특명을 내렸다. 유격전으로서는 과감하고도 광범한 이 작전을 수행하기 위해 제6기지는 골몰했다.

특히 제6기지는 청와대 공격에 초점을 두고 장교로만 구성된 정예 유격대원 25명을 엄선하여 그해 1월 5일부터 황해도 사리원으로 이동해 인민위원회 청사를 청와대로 가상하고 훈련에 돌입했다. 그들은 청와대의 전경, 정문, 그리고 각 건물의 배치도를 숙지하면서 박정희 대통령을 사살하는 훈련에 가장 큰 비중을 두었다.

제6기지는 청와대를 공격할 특공대원을 31명으로 늘였다. 이들은 1월 10일 모의 훈련에서 사리원 인민위원회 즉 청와대를 기습해 경비하던 인민군과 교전 끝에 10여 명을 사살하는 전과를 올린 후 이틀 동안 집체사격훈련을 받았다.

1월 13일 정찰국장 김정태는 이 훈련 장소를 방문해 특공대를 독려하면서 여러 곳으로 분산해 일제히 습격하려 했던 본래의 작전 계획을 변경해 공격 대상을 청와대로 한정했다.

국군 전투복 차림을 한 공격조 한 사람당 기관단총(PPS-43) 1정, 실탄300발, TT권총 1정, 대전차용 수류탄 8발, 방어용 수류탄 8발, 단도 1개 등으로 무장했다. 그들은 1월 17일 오후 8시 북방한계선을 출발해 비무장지대 안 군사분계선을 넘어 오후 11시 고랑포 부근 남방한계선 철책선에 도달했다.

공격조는 철책을 공병 가위로 땅에 닿게 세로로 1미터 가량 절단해 무장한 채 몸을 수그리고 통과한 후 끊어진 철책을 정교하게 붙여 놓아 이상이 없는 것처럼 보이게 하고 남으로 향했다.

그들은 1시간 만에 임진강 북단 야산에 도착해 야영한 후 낮 동안 은신해 있다가 1월 18일 오후 9시 임진강 북단을 출발해 얼어붙은 임진강 위를 걸어서 통과한 후 계속 남하해 1월 19일 새벽 5시 파주시 법원읍에 도착해 삼봉산에 숨었다.

이날 오후 2시 나무를 베기 위해 산에 올라온 주민이 수상한 사람들을 목격했다. 공격조는 이 주민을 어떻게 처리할 것인가를 숙의한 결과 그를 죽이더라도 땅이 얼어서 파묻기가 곤란하다는 의견이 나와 "곧 좋은 세상이 오니 안심하고 기다리라. 신고하면 가족을 몰살하겠다"라고 위협하여 풀어주었다. 이 주민은 오후 9시경 경찰에 신고했다.

그러나 비슷한 시각에 공격조는 삼봉산을 출발해 서울 쪽으로 행군해 1월 20일 오전 9시 서울과 접경지역인 남노고산에 도착했다. 이 산에서 밤을 기다린 공격조는 오후 9시 출발해 1월 21일 새벽 5시 서울 비봉에 도착해 분산해 조금씩 거리를 두고 은신하면서 시간을 보냈다.

이들은 오후 9시 승가사 부근에서 집결하여 특수부대인 것처럼 행군해 오후 10시 세검정에서 청와대를 향하는 언덕바지에 있는 창의문에 이르렀을 때 신고를 받고 검문하는 최규식 종로경찰 서장을 총으로 살해한 것을 시작으로 총격전이 벌어졌다. 비상경계태세로 돌입한 군경은 달아나는 북한 특공대들과 1월 31일까지 이어지는 격전에서 공격조 28명을 사살하고, 김신조 소위를 생포했다. 나머지 2명은 도주한 것으로 알려졌다. 이 교전에서의 한국측 피해는 최규식 종로 경찰서장, 육군 15연대장 이익수 대령 등 26명 사망, 66명 부상이었다.

김신조는 "청와대를 까러 왔다", "박정희의 목을 따러 왔다"라고 서슴없이 토로했다. 그들의 작전 목표는 박정희 대통령을 제거하고 대한민국에 혼란을 일으키겠다는 것이 명백했다.

그러나 청와대 공격조와 별도로 임태영과 우명훈 등 정찰조 2명은 공격 지점 부근에서 망을 보고 한국군과 경찰이 출동하면 응사하여 한국군과 경찰의 공격 목표를 분산시키는 임무를 부여받았다. 정찰조는 공격조가 군경과 충돌한 창의문 부근의 민가 옥상에서 상황을 관찰하다가 작전이 실패한 사실을 알고 도주하려다 붙잡혔다.

이들은 보안사령부로 연행돼 조사받는 과정에서 함구했다. 그러나 한 수사관은 공식 발표로 공개된 김신조 외에 붙잡힌 공격조 한 명이 수사에 협조하지 않자 정찰조 2명이 보는 앞에서 작두로 목을 자른 것으로 알려졌다.(목이 떨어져 나간 시신은 후에 사살된 공격조들을 공개할 때 여기에 포함됐다)

그의 목이 잘릴 때 피가 튀고 시신이 꿈틀거렸다 한다. 그 순간 임태영과 우명훈은 심경이 변했다. 수사관들은 이들을 설득하여 대한민국에 협조하겠다는 약속을 받고 "대한민국에 숨어 있다가 탈출한 것처럼 북한으로 돌아가서 영웅 대접을 받고 출세할 수 있는 데까지 하라. 그러면서 우리와 협력하자"는 임무를 부여했다.

이들은 군사분계선을 넘어 북한으로 돌아가 대대적인 환영을 받고 상장과 중장으로 진급하여 대남 공작업무에 종사했다. 그러나 이들은 뒤늦게 정보를 입수한 북한 당국에 의해 1998년에 처형되고 말았다고 대한민국으로 귀순한 한 인민군 특수부대 상좌가 증언했다.

1·21사태가 일어난 이틀 후 북한측은 동해에서 정찰 활동을 하던 미국 푸에블로호를 나포했다. 이 사건으로 미국의 조야는 발칵 뒤집혔다. 북한이 강력한 연타를 치고 나온 셈이다. 푸에블로호사건으로 1·21사태는 외신에서 묻혔다.

1월 24일 열린 제261차 군사정전위원회 본회의는 유엔군사령부가 소집했다. 유엔측은 1·21사태를 의제로 삼아 북한측을 열띤 어조로 추궁하면서 공격조로부터 노획한 피 묻은 증거물들을 증거로 제시하는가 하면 김신조의 증언 모습이 담긴 영화까지 상영했다.

그러나 북한측 대표들은 싸늘한 미소를 띠면서 "유엔측이 주장하는 무장공비사건이란 것은 조선민주주의인민공화국과는 아무런 관계가 없다. 이것은 남조선 애국청년들의 반미 반정부 무장봉기요 남조선 인민들의 영웅적인 투쟁"이라고 맞받아 쳤다.

같은 사건에 대해 이처럼 상반된 주장이 맞서면 회의를 통해 어떤 결과를 얻어낼 수 있는 가능성은 없다. 이로써 군사정전위원회는 1·21사태의 책임을 거론하지 못한 채 상반된 입장만 확인했다.

박정희 대통령은 1·21사태 직후 미국이 푸에블로호 피랍에만 관심을 기울인 데 대해 불만을 품고 3군 참모총장회의에서 "평양 폭격 등 군사보복작전을 강구해 보라"는 지시를 내렸다. 그러나 이 지시는 군사보복을 자제하라는 미국의 설득과 참모총장들의 신중론으로 실천에 옮겨지지는 않았다.

박대통령은 2월 12일 미국의 저명한 칼럼니스트 잭 앤더슨과의 단독회견에서 "청와대 기습사건과 푸에블로호 납치사건은 분명한 침략행위다", "그동안 한국은 정전협정을 충실하게 지켰으나 북한은 수없이 위반했다. 이에 대해 아무런 응징조치를 취하지 않아 북한이 감히 청와대 습격 음모를 꾸미고 푸에블로호를 납치한 것이다"라고 불만을 표출했다.

1·21사태는 북한측의 박정희 대통령에 대한 살인미수사건으로 마감됐지만 박대통령의 신변에 불행이 초래됐다면 전쟁으로 이어질 수 있는 상황이었던 만큼 판문점 군사정전위원회의 차원을 뛰어넘는 국가의 안위와 관련된 사건이었다. 또한 이 사태는 특수 훈련을 받은 북한의 무장군인 30여 명이 한국의 군경 19,213명과 맞설 정도로 비정규전의 비중이 크다는 사실을 일깨웠다.

나. 푸에블로호 나포사건

미국의 첩보함 푸에블로호가 동해에서 북한에 의해 나포되고 선장과 승무원들은 체포돼 장기간 북한에 억류됐다.

푸에블로호는 1967년 12월 2일 일본의 사세보항의 미 해군기지를 출발한 후 1968년 1월 23일 오후 승무원 83명을 태우고 소련과 북한의 접경해역에서 남하하면서 북한의 저출력 통신을 포착하고 있었다. 이 군함이 북한 해안 40킬로미터 거리의 동해상(동경 127° 54.3´, 북위 39° 25´)에서 임무를 수행하고 있을 때 북한의 P-4 초계정 4척과 미그기 2대가 접근했다.

북한 초계정들은 "배를 멈추라. 그렇지 않으면 발포하겠다"라고 명령한 후 위협사격을 했다. 북한 해군 병사들이 푸에블로호에 승선했다. 푸에블로호 승무원들은 황급히 비밀자료를 폐기하기 시작했다. 이 과정에서 불이 나 미 해군 1명이 사망했다. 북한 해군들은 로이드 부처 함장을 비롯해 미 해군 장교 6명, 병사 75명, 민간인 2명 등 83명을 체포했다.

평화 시기에 미국의 군함이 다른 나라 해군에 의해 나포된 것은 1815년 프레지던트호가 영국군에 의해 나포된 것이 최초였다. 푸에블로호 나포사건은 프레지던트호에 이어 두 번째로 미국에게 치욕을 안겨주었다. 또한 미국은 이로써 군사정보와 암호체계를 폐기하지 않을 수 없는 처지에 이르렀다.

북한은 푸에블로호가 12해리인 자국의 영해를 침범해 7.1해리까지 접근해 왔다고 주장했다. 미국의 골드버그 대사는 유엔안전보장이사회의 발언을 통해 푸에블로호가 북한 해안에서 13해리 이상 떨어진 공해상에서 작전을 펴왔다고 발언했다.

이러한 논란은 해안선의 굴곡이 현저하거나 해안선에 가까운 섬이 있을 경우 해안선을 기준으로 하느냐, 섬을 기준으로 하느냐에 따라 푸에블로호의 위치가 북한 영해를 침범했느냐, 공해상에 있었느냐가 다르게 나타나기 때문에 빚어진 것이다. 원산 해안을 기점으로 계산한 미국과 원산 앞 바다의 작은 섬 요도를 기점으로 계산한 북한은 차이가 날 수밖에 없다.

김일성 주석은 1968년 3월 21일 조선노동당 중앙위원회 부부장 이상 일꾼들과 도당 책임비서들에게 한 연설을 통해 "우리가 미제의 무장 간첩선 푸에블로호를 붙든 것은 나라의 주권과 민족의 존엄을 지키기 위한 응당한 자위적 조치이며 백번 정당한 일"이라고 격려했다.

김 주석의 이러한 결정은 "오늘 우리의 힘은 지난 전쟁 때와는 비할 바 없이 강합니다. 그때에는 우리에게 비행기도 적었고 비행사들도 잘 훈련되지 못하였습니다. 그러나 지금은 우리에게 모든 것이 다 준비되어 있습니다. 그러므로 우리에게 두려울 것이란 아무것도 없습니다."(『김일성 저작선집』, 조선로동당출판사, 1968)라는 무력에 대한 자신감에서 비롯했다.

미국의 린든 B. 존슨 대통령은 백악관에서 국가안보회의를 열었다. 참석자들은 이 사건이 미국에 대한 명백한 전쟁행위라고 규정하고, 평양에 대한 핵위협으로 대처한다는 데에 의견의 일치를 보았다. 이에 따라 미국은 핵항공모함 엔터프라이즈호를 원산 앞바다에 출동시킨데 이어 28일까지 전투기 155대를 한반도의 지상과 해역에 배치했다.

그러나 군함을 나포하고 함장 및 승무원들을 체포한 북한은 쓸 수 있는 카드가 많았다. 그 가운데 자국민의 생명은 단 한 사람이라도 매우 소중히 여기는 미국을 괴롭히는 전술이 가장 강력했다. 나포된 지 이틀 만인 1월 25일 평양방송을 통해 로이드 부처 함장의 풀 죽은 목소리가 흘러나왔다.

푸에블로호는 동해안을 따라 요도에서 7.6마일 떨어진 조선민주주의인민공화국의 영해로 깊숙이 침입하여 여러 군사시설에 대한 정탐활동을 벌이다가 자위적 차원에서 출동한 인민군 해군 초계정에 나포되었다. 우리는 다만 조선민주주의인민공화국 정부의 관대한 용서만을 바랄 뿐이다.

뿐만 아니라 북한은 1월 말부터 주기적으로 승무원들의 자백을 평양방송으로 내보냄으로써 미국 정치인과 군인들의 사기에 결정적인 찬물을 끼얹었다. 미국 언론들도 이 소식을 신속하게 전했다. 미 국민의 여론은 함장과 승무원들은 고문에 의한 허위자백이라는 점, 미국이 보잘것없는 약소국가에게 무기력하게 당해서는 안 된다는 점, 강력하게 보복해야 한다는 점 등으로 집약됐다.

그 무렵 미국은 베트남 전쟁중에 또 다른 전선을 형성하기 곤란한 점, 반전 여론이 만만치 않다는 점, 자기 나라에 대통령선거가 있는 해라는 점, 북한이 전쟁을 불사하겠다는 결의로 함장을 비롯한 승무원들이 모두 희생될 가능성이 있다는 점 등의 이유로 북한에 대해 군사적 보복을 감행하기는 어려운 상황이었다.

1·21사태를 항의하기 위해 1월 24일 군사정전위원회를 소집해 놓고 있던 유엔군사령부의 유엔측 수석대표 스미스 장군은 푸에블로호 나포 문제를 거론했다. 그러나 양측이 영해침범 여부로 설전만 벌였을 뿐 선원의 생사 확인과 송환문제에 대해서는 어떤 실마리도 붙잡지 못했다.

양측은 중립국감독위원회를 매개로 비공식 접촉을 한 끝에 2월 2일부터 유엔측 수석대표 스미스 장군과 공산측 수석대표 박중국 소장 간에 비공식 회의를 통해 이

문제를 논의하기 시작했다. 이것은 사람과 장소가 판문점과 인연이 있기 때문에 형식상 판문점 회담으로 보였지만 그 내용은 중립국감독위원회 건물에서 이뤄진 미국과 북한 양 당사국의 공식회의였다.

미국은 1968년 12월 17일 제27차회의에서 북한측이 작성한 사과문에 서명은 하되 미국의 입장을 밝히는 성명을 구두로 발표하겠다고 제안했다. 12월 19일 회의에서 북한은 미국의 제의를 받아들였다.

미국인에게 가장 큰 명절인 크리스마스가 가까워지는 12월 23일 열린 제29차 회의에서 미국의 우드워드 소장은 북한이 작성한 증거 문서의 타당성을 인정하고 간첩행위를 엄숙히 사과함과 아울러 이에 대한 모든 책임을 지며, 이후로는 어떤 미국 선박도 북한의 영해를 침범하지 않을 것을 확실히 보장한다는 내용이 포함된 문서에 서명했다. 그리고 그는 북한측의 문서는 사실과 다르다는 점, 자신은 승무원들을 석방시키기 위해 서명했을 뿐이라고 해명하는 성명서를 발표했다. 그러나 비공개 회의장에서 그의 말을 들어준 외부인은 없었다.

12월 23일 부처 함장과 승무원 등 82명과 나포 과정에서 사망한 호지 수병의 시신이 '돌아오지 않는 다리'를 넘어 왔다. 미국 행정부와 국회, 그리고 미 국민들은 1년 가까이 붙들려 있다가 자유를 찾은 82명을 대대적으로 환영했다.

1968년 1월에 이틀 간격으로 발생한 1·21사태와 푸에블로호 나포사건에서 한국과 미국의 입장 차이는 극명하게 드러냈다. 1·21사태에 대하여 한국은 민감하게 반응하였지만 미국은 시큰둥했다. 그런데 미국은 푸에블로호 나포사건이 발생하자마자 신속하게 대응했다. 두 사건을 한국과 미국에 대한 도전으로 인식하고 공조체제를 구축해 강력한 대북 응징조치를 희망했던 박정희 대통령은 이 무렵 사석에서 미국에 대한 실망감을 피력했다.

북한은 전리품으로 은닉해 둔 푸에블로호를 1995년부터 원산항에 전시해 인민들이 볼 수 있도록 하다가 1998년에는 이 군함을 평양의 대동강으로 옮겼다. 북한이 원산에 있던 푸에블로호를 어떻게 대동강으로 옮겼는지 그 과정은 알려지지 않았다. 『로동신문』은 "미국과 전투를 벌여 19세기에는 샤만호를, 20세기에는 푸에블로호를 전리품으로 만들었다. 21세기의 전리품도 여기에 가져다 놓으리라." "미제야 함부로 날뛰지 마라"라고 일갈했다.

다. 임수경 판문점 귀환사건

임수경 씨는 국가보안법을 화려하게 위반한 '통일의 꽃'이었다. 제3국을 거쳐 북한으로 들어가 세계청년학생축전에 참가하면서 신선하고 발랄한 인상을 북한 인민들에게 심어준 임수경 씨는 분단의 상징인 판문점을 세계의 이목이 집중한 가운데 당당하게 걸어 내려와 국가보안법 위반으로 구속됐다.

그녀는 '통일의 꽃'으로 불리면서 지인들에 의해 옥중에서 『어머니, 하나된 조국에 살고 싶어요』란 책을 써서 출판하고 그것이 북한에서 같은 제목으로 책이 찍혀 나오는 유명세를 지불하더니 석방되어 사면·복권된 후에는 민주통합당 비례대표로 국회의원이 돼 활동하고 있다.

국가보안법을 '국가를 수호하기 위한 최후의 보루'라고 보수적인 인사들은 옹호하지만 이 법을 '통일을 가로막는 장애물이요 족쇄'라고 진보적인 인사들은 폄하한다. 수많은 사람들이 이 법을 위반하고 영어의 몸이 되었다. 그러나 이 법을 세상이 떠들썩하게 짓밟고 올라서 '통일의 꽃'을 피운 사람은 임수경 말고는 없다.

한국외국어대 4학년 임수경 씨는 전국대학생총연합이 파견한 대한민국 대표로서 1989년 6월 21일 오전 비행기로 일본 도쿄로 갔다. 거기서 6월 28일 오후 비행기로 독일 취리히공항으로 날아가 다른 비행기로 갈아타고 이튿날 오전 서베를린에 도착했다. 그녀는 곧 동베를린에서 평양행 조선민항기를 탔다.

비행기가 이륙하는 순간 한양대학교에 모인 수천 명의 학생들 앞에서 임종석 전대협 의장은 임수경 씨를 전대협 대표로서 평양에 파견했다고 발표했다. 학생들이 환호하며 박수를 쳤다. 이어서 국내 대중매체와 외신들이 그녀의 북한행에 관해 속보를 쏟아냈다.

1989년 6월 30일 오후 1시 30분 그녀는 트랩에서 내려 평양 땅을 처음으로 밟았다. 청사 주변에 사람들이 구름처럼 몰려들었다. 임씨가 무슨 일이냐고 물었다. 여안내원이 "전대협을 환영하기 위한 인파입네다"라고 대답했다.

많은 군중이 임씨에게 달려들어 눈물을 흘리면서 "왜 이제야 오느냐?"라고 아우성이었다. 인파에 밀려 신발 한 짝을 잃은 임씨는 기자들 앞에서 푸른 하늘을 쳐다본 후 울면서 소감을 피력했다. 그녀를 태운 승용차는 서서히 평양 시내를 향해 출발했다. 거리로 사람들이 막 쏟아져 나왔다.

한 북한 학생이 길에 서 있는 여인에게 웬일이냐고 물었다.

"남조선 청년학생대표단이 온대요! 기관·기업소에서 나가고 싶은 사람은 다 나가 보라고 했어요!"

뒤쪽에서 자꾸만 파고드는 사람들 때문에 인파는 인도를 넘쳐 폭이 20미터나 되는 차도까지 찼다. 차도에 사다리를 펴고 카메라를 장착해 두었던 외신 기자들이 기겁을 하며 인민들을 밀쳐내기도 했다. 군중들은 서서히 인도로 올라가기 시작했다. 엄격하게 통제되는 북한 사회에서 보기 드문 자발적인 진퇴현상이었다.

군중 속에서 여러 말들이 튀어나왔다. "누구야, 좀 비켜, 안 보이잖아.""내 고향이 충청도입네다. 손 한 번 잡아봅세다.""진짜 남조선 학생이야?""어린 학생이 용감해.""림수경 동무, 힘내시라요."

임수경 씨는 차창을 열고 조용한 미소를 지으며 군중을 향해 오른손을 흔들었다. 그러나 그 손은 악착같이 잡아보고자 달려드는 군중들에게 잡혀 퉁퉁 붓고 마침내 피부가 벗겨지기까지 했다. 차가 군중들에게 갇혀 포로가 됐다. 차는 백미러가 깨지고 찌그러들었다.

고려호텔 1동 33층 5호에 여장을 푼 임수경 씨는 이날 오후 5시 고려호텔 2층 회의실에서 첫 번째 기자회견을 가졌다. 주로 북한 기자들과 축전을 취재하기 위해 온 재미교포 기자들이 들어선 가운데 기자회견이 1시간가량 이어졌다. 그녀가 들어서자 박수와 함께 플래시가 폭죽처럼 터졌다.

임씨는 북녘 땅을 밟은 소감, 축전 기간중의 일정, 어떻게 귀국할 것인가, 전대협 소개 등의 질문에 대해 거침없이 답변했다. 그녀는 여기서 판문점을 통해 귀국하겠다는 방침을 밝혔다. 이로써 임씨는 북한에서 열광적인 환영을 받고 판문점으로 출현함으로써 세계적인 뉴스의 총아가 되고 싶은 소망을 처음부터 지니고 있었음이 드러난다.

7월 1일 오후 2시 주체사상탑 부근 대동강변에서 180개국 대표 1만 7천여 명이 모인 후 평양 시내로 행진했다. 임수경 씨가 "조국통일"을 계속 외치자 길에 늘어선 인민들이 따라 외쳤다. 그들은 그녀에게 흔들고 있던 꽃술을 건네주기도 했다. 임씨는 몇 사람이 인공기를 손에 쥐어주려 했지만 받지 않았다.

그녀는 오후 5시 3.8킬로미터의 시가행진을 마치고 대동강 능라도에 도착했다. 오후 7시 15만 명이 좌석을 꽉 메운 능라도 경기장에서 축전은 개막됐다. 임수경 씨는 전대협 기와 함께 마지막으로 입장했다. 김일성 주석이 연설하면서 전대협 대표를 언급했다.

7월 2일 저녁 김일성 주석이 주최한 만찬회가 축전에 참석한 각국 대표단장 및 관계자들 4백여 명이 참석한 가운데 금수산 의사당에서 열렸다. 임수경 씨는 축배시간에 김일성 주석을 알현했다. 김주석은 임씨를 껴안고는 술잔을 건네주면서 "잘왔소"라고 말한 후 "통일을 위하여!"라고 건배사를 외쳤다.

7월 3일 오후 인민문화궁전에서 2백여 명이 내외신 기자들이 참석한 가운데 회견장에 들어선 그녀는 '평화를 애호하는 세계의 진보적 청년 학생들에게 보내는 호소문'을 낭독했다. 그녀는 일문일답 형식으로 축전 참가 경위, 전대협 소개, 판문점을 통한 귀국 계획, 현 시기 청년 학생들의 통일운동의 과제, 합리적인 통일방안, 통일을 가로막는 세력에 대한 자신의 소신을 명확하게 밝혔다.

외신기자들은 "감옥에 갈 것을 예상하면서 무엇 때문에 대한민국으로 가려는가?" "판문점을 통한 귀국의 동기, 구체적인 계획, 마음가짐은 무엇인가?" 등을 집중적으로 질문했다. 세계적인 뉴스의 초점은 청년학생축전보다 판문점을 통한 귀국에 맞춰져 있었다.

기자회견을 마치기 직전에 한 재미교포 기자의 제안으로 임수경 씨와 북한 및 해외교포 기자들이 일제히 '우리의 소원은 통일'이란 노래를 부르기 시작했다.

임수경 씨는 매일 빡빡한 일정을 소화하면서 7월 8일 축전 폐막식에 참석한 후 김일성종합대학을 비롯한 각 대학 방문, 평양 지하철 구경, 금강산 등 명승지 관광, 조선예술영화촬영소 등 방문으로 시간을 보내며 북한 인민들과 함께 "조국은 하나다"라고 외쳤다.

7월 21일 그녀는 백두산에서 열린 '코리아의 평화와 통일을 위한 국제평화대행진'에 참석했다. 이 행진은 평화를 애호하는 세계인들이 참여한 가운데 백두산과 한라산에서 각각 출발하여 판문점에서 만날 예정이었다. 그러나 남쪽 행사는 당국의 저지로 무산됐다.

7월 27일 행진대열에 끼어 판문점에 도착한 임수경 씨는 판문점 귀환에 동행하기 위해 천주교정의구현전국사제단의 대표로서 파견된 문규현 신부와 함께 군사정전위원회에 판문점을 통한 귀환을 요구했다.

임수경 씨와 문규현 신부는 판문점 귀환이 거부되자 행진에 참여한 1백여 명과 함께 이날부터 통일각에서 판문점 귀환을 요구하며 단식했다. 북한측은 8월 8일 군사정전위원회 회의가 열릴 때 남측과 협상할 테니 단식을 중단할 것을 요청했다. 임수경 씨는 그 안을 받아들여 8월 1일 6일간의 단식을 끝내고 입원했다.

그러나 군사정전위원회 유엔측 수석대표는 대한민국 정부의 반대 의견을 받아들여 임수경 씨와 문규현 신부의 판문점 통과를 허가하지 않았다. 북한측은 군사정전위원회에서 임씨의 귀환을 허가해 줄 것을 유엔측에 거듭 요청했지만 완강하게 거절당했다.

북한측은 이에 따라 임씨에게 베이징을 경유해 귀국하도록 권유했다. 임씨는 8월 14일 북한측 인사들 앞에서 울면서 "내일 죽어도 판문점을 통해 돌아가겠다"라고 선언했다. 북한측은 임씨와 문 신부가 공동경비구역 북측 지역을 통과해 군사분계선으로 접근하도록 허락했다.

8월 15일 오후 2시 22분 빨간 티셔츠에 청바지를 입고 태극기를 몸에 두른 임수경 씨와 검은 사제복을 입은 문규현 신부는 손을 잡고 판문점 공동경비구역의 복판에 높이 7센티미터, 폭 40센티미터의 시멘트벽으로 쳐진 군사분계선을 훌쩍 넘어왔다. 그들은 분단 이래 최초로 판문점을 통해 북에서 남으로 넘어온 한국인이 됐다.

내외신 기자들의 카메라 플래시가 터졌다. 그들의 귀환은 주요 뉴스로 세계에 타전됐다. 불법을 감수하고 제3국을 거쳐 북한으로 올라갔다가 마음대로 갈 수도 올 수도 없는 이데올로기의 장벽을 예사로운 걸음으로 돌파한 그들을 미군측은 연행한 후 국가안전기획부로 넘겼다. 사전에 발부받은 구속영장에 따라 그들의 양손에는 수갑이 채워졌다.

임수경 씨는 1심에서 징역 10년 자격정지 10년을, 항소심에서 징역 5년 자격정지 5년을 선고받았다. 문규현 신부는 1심에서 징역 8년, 항소심에선 5년을 선고받았다. 두 사람은 김영삼 후보가 대통령선거에서 당선된 직후인 1992년 성탄절 전야에 함께 가석방되었으며, 김대중 대통령 정권 시절인 1999년 함께 사면·복권되었다. 그녀는 44살이던 2012년 5월 민주통합당의 비례대표로서 제19대 국회의원이 됐다.

라. 이인모 송환사건
30년 이상 공산주의 사상을 포기하지 않은 채 수형 생활과 병고에 시달리던 이인모가 판문점을 통해 북한으로 돌아갔다.

김영삼 대통령은 제14대 대통령으로 취임한 지 12일째인 1993년 3월 9일 언론사의 편집국장 및 보도국장을 청와대로 초청해 만찬을 함께 하는 자리에서 남북한 간의 해결하지 못한 과제였던 미전향 장기수 이인모(리인모)의 북송방침을 전격 발표했다. 김 대통령의 방침에 따라 한완상 부총리 겸 통일원장관이 이씨의 송환 작업을 지휘하여 이씨의 꿈은 이뤄졌다.

그러나 이씨의 송환방침이 공식 결정된 직후인 12일 북한은 핵확산금지조약(NPT) 탈퇴를 선언했다. 긴급히 소집된 국회 외무통일위원회는 여야당의 구별 없이 이씨의 송환 결정에 대해 "전술적 득실을 고려하지 않은 행동"이란 비판이 터져 나왔다.

그럼에도 불구하고 김 대통령의 결단은 무모한 측면이 없지 않았지만 경색된 남북문제를 획기적으로 풀어보려는 의지의 소산이었다. 누구도 일단 쏜 화살을 돌이킬 수 없다. 다만 그가 할 수 있는 일은 그 화살이 명중하기만을 바라는 것 뿐이다.

송환 당시 75세였던 비전향장기수 출신인 이인모가 3월 19일 오전 휠체어를 탄 채 판문점 중립국감독위원회 회의실에서 부인 김순임, 딸 현옥 씨와 43년 만에 극적으로 만났다. 부인은 이씨의 손을 부여잡고 오열했으며, 딸은 "아버지"라고 거듭 외쳤다. 이씨는 말없이 부인과 딸의 손을 꼭 잡았다.

이인모는 이날 오전 11시 판문점 중립국감독위원회 회의실에서 비전향장기수로는 최초로 북측에 인도됐다. 판문점 북측 영역에 환영 플래카드를 들고 나온 북한 인민들이 박수를 치며 이씨를 맞았다. 그는 만면에 웃음을 띠고 손을 흔들어 환영에 답했다.

1917년 함경남도 풍산군 개마고원에서 화전민의 아들로 태어나 중국 현립중학교, 일본 동경공업고등학교를 중퇴한 그는 1940년 서울에서 경성콤그룹 연락원으로 활동했다. 해방 직후 조선노동당 풍산군당 선전부장, 1948년 흥남시당 선전부장을 거친 그는 6·25전쟁 중 인민군 종군기자로 남파됐다. 북한측은 이인모를 '조선인민군 종군기자이고 비전향 장기수인 리인모 동지'라고 표현한다. 여기서 '동지'란 '동무'보다 월등한 높임말이다.

그러나 그는 종군기자로서의 경력을 쌓기보다는 경남 인민군 점령지역에서 의용군을 모집해 전선에 투입하고, 9·28 서울 수복 후에는 지리산에서 빨치산으로 활동하다가 1952년 토벌대에 잡혀 7년을 복역하고 출소했다. 이어서 그는 1961년 부산에서 지하당 활동혐의로 붙잡혀 27년간 복역한 후 1988년 출소한 뒤에는 경남 김해에서 생활하다가 악성흉막염을 앓아 부산대병원에서 치료받고 있었다.

북한으로 송환된 이인모는 김일성 주석의 특별 배려로 평양시 보통강구역 서갑동에 있는 노동당 고위 간부들에게 제공되는 2층짜리 단독주택에서 중학교 교장으로 활동한 부인 김순애와 함께 살았다. 김순애 씨는 2004년 인천에서 열린 '6·15 공동선언 발표 4돌 기념 우리 민족대회'에 북측 대표단의 일원으로 참석한 바 있다.

북한에서 신(神)과 같은 대접을 받는 김일성 주석은 이인모가 북한으로 송환된 지 1개월도 안 된 1993년 4월 15일 자신의 생일에 손수 이인모를 찾아가 병문안을 하고 그의 투쟁정신을 치하하면서 노동당 당원증을 수여했다. 이것은 북한이 이인모 씨를 얼마나 아끼고 인민들에게 그의 삶을 본받게 하고자 노력하는가를 여실이 보여준 장면이었다.

김일성 주석은 그를 당이 고위 간부들이 이용하는 봉화진료소에서 특별진료를 받게 했다. 북한은 김주석의 지시로 '김일성 훈장' '영웅 칭호' '국기훈장 1급'을 수여했다. 북한은 또한 그를 소재로 우표와 우편엽서를 발행하고 영화 '민족의 운명'(제11부~13부)을 제작했다.

김정일 국방위원장은 이인모가 졸업한 양강도 김형권군 피발리에 있는 '피발소학교'를 '리인모소학교'로 개명하고 그의 혁명정신을 이어받도록 교육하고 있다. 이 학교 교정에는 "신념과 의지의 화신 리인모 동지를 우리 당은 잊지 않고 있습니다"라는 김정일의 친필비가 세워져 있다.

이인모는 『이인모, 전 인민군 종군기자 수기』(서울, 말, 1992), 『운명의 태양』(평양, 평양출판사, 2003), 『신념과 나의 한 생—장편 회상록』(평양, 문학예술출판사, 2003) 등 저서를 남겼다. 맨 앞의 책은 이인모 씨가 정리한 원고를 『말』지의 신준영 기자가 정리한 것이고, 뒤 두 권은 이인모가 북한에서 집필한 것이다.

그를 주인공으로 한 책으로는 우일·나기진, 『사랑과 신념의 43년—전 조선인민군 종군기자 리인모』(동경, 조선청년사, 1993), 변송림, 『김정일 장군님과 리인모』(평양, 평양출판사, 1994), 서창복, 『삶의 푸른 언덕—환생의 인간 리인모』(평양, 평양출판사, 1997), 리인모 구술·김순임 정리, 『령장과 전사』(평양, 평양출판사, 2000) 등이 있다.

이인모는 2007년 6월 16일 89세를 일기로 사망했다. 조선중앙통신을 비롯한 북한 관영매체들은 17일 일제히 그의 사망 사실을 보도했다. 노동당 중앙위원회, 최고인민회의 상임위원회, 내각은 공동으로 부고를 내고 "리인모 동지는 비록 서거했으나 그가 지녔던 고결한 혁명정신과 당과 혁명, 조국과 민족 앞에 세운 그의 공적은 길이 남아 있을 것"이라고 추모했다.

김영남 최고인민회의 상임위원장을 위원장으로 김영일 내각총리, 김양건 통일전선부장 등 57명으로 짜인 장의위원회는 그의 유해를 인민문화궁전에 안치하고 영결식을 거쳐 평양시 형제산구역 신미동에 있는 애국열사릉에 안장했다. 그의 묘에는 '불굴의 통일 애국투사'란 호칭이 새겨져 있다.

2000년 9월 2일 김대중 대통령은 비전향 장기수 63명 전원을 북한으로 돌려보냈다. 이것은 김정일 국방위원장이 6·15 남북정상회담에 응해 준 데 대한 보답의 성격을 띠었다. 김대통령은 이튿날 6·25전쟁 이후 납북자 486명의 명단을 최초로 발표하면서 "내 임기중에 반드시 이 문제를 해결하겠다"라고 국민에게 약속했다.

그러나 이인모의 송환을 선도했던 김영삼 대통령은 물론, 김대중, 노무현, 이명박 대통령도 6·25전쟁으로 납북된 인사 및 납북 어민들에 대해 단 한 명의 인도적 송환도 실현하지 못했다. 이 점은 긴장을 해소하고 평화를 정착하는 과업에 있어서 북한과의 상호주의 원칙에 어긋날 뿐 아니라 대한민국 지도자들 스스로 역량의 부족을 반영하고 있다.

군사분계선 합동 실측, 1962. 9.

군사분계선 합동 실측, 1962. 9.

군사분계선 합동 실측, 1962. 9.

군사분계선 합동 실측, 1962. 9.

군사분계선 합동 실측, 1962. 9.

군사분계선 합동 실측, 1962. 9.

군사분계선 합동 실측, 1962. 9.

군사분계선 합동 실측, 1962. 9.

군사분계선상에서 사진을 찍는 북한군.

군사분계선상의 북한군.

위·아래, 실외 회의.

위·아래, 북한군 경비병.

군사정전위원회.

군사정전위원회.

위·아래, 판문점.

위. 북한 지역을 관측하는 미군. 1963. 아래. 매복한 북한군에 의해 기습을 받은 미군 지프. 이 공격으로 미군 두 명이 사망하고 한 명이 부상을 당했다. 1963. 7.

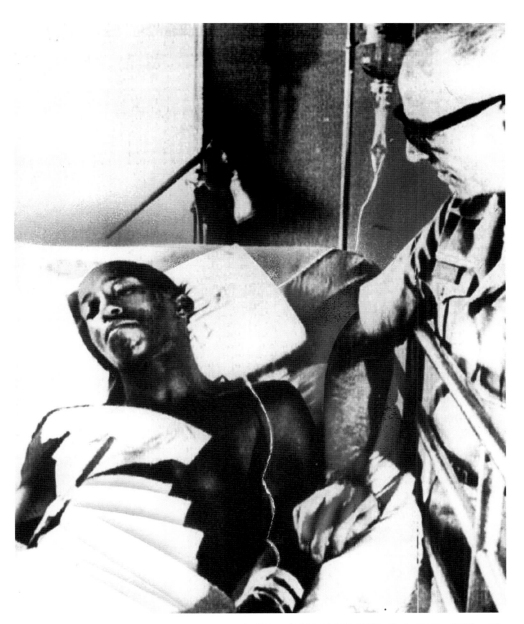

위, 북한군의 매복 공격에 부상을 입어 병원에 입원한 미군.
1963. 7. 왼쪽 위, 군사정전위에서 워키토키와 수류탄을 증거물
로 제시하며 매복 기습에 대해 설전을 벌이는 양측 대표. 판문
점, 1963. 왼쪽 아래, 비무장지대를 정찰중인 미군 수색대. 1963.

군사분계선 실측조사팀, 1962. 9. 26.

군사정전위원회 회의 이후 유엔군 경비병과 북한 경비병 사이에 주먹다짐이 벌어졌다. 판문점, 1961. 4. 23.

군사정전위원회. 1964. 7. 24.

위, 북한측이 판문점에 세운 정
자. 1964. 아래, 군사정전위.
1964. 왼쪽 위, 판문점에서 바라
본 북녘 땅, 1964. 9. 11. 왼쪽 아
래, 연락장교 문서교환, 1964. 9.
11.

미 텔레비전 드라마 프로그램 〈더 라인〉을 촬영하기 위
해 미국에 설치한 판문점 세트장에서 촬영중인 배우들.
1965. 1. 16.

판문점 자유의 집, 1965. 9. 27.

북한측 군사정전위 비서장 시절의 한주경. 남한 출신의 그는 수석대표가 되기 전에 군정위 참모장교, 비서장으로 오래 근무해서 군정위에 관해서 정통한 인물이다. 그의 수석대표 재임중 도끼만행사건, 판문점 교전사건 등 중요한 충돌이 있었다. 판문점, 1966. 2. 28.

존슨 미 대통령이 방한중 최전방 미군기지를 방문해 미
군들을 격려하고 있다. 1966.

북한 지역을 브리핑 받는 외국인 관광객들. 판문점, 1966.

이수근 귀순현장. UPI, 1967. 3. 22.

이수근 귀순

북한 조선중앙통신사 부사장이던 이수근은 1967년 3월 북한에서 귀순한 뒤 1969년 1월 자신의 처조카 배경옥씨와 캄보디아로 향하던 중 베트남의 공항에서 중앙정보부에 체포돼 한국으로 압송됐다. 이씨는 같은 해 5월 국가보안법 위반 등으로 사형을 선고받은 지 두 달 만에 형장의 이슬로 사라졌다. 당시 중앙정보부(현 국가정보원) 및 수사당국은 이씨가 북한의 지령을 받고 위장 귀순, 국내에서 수집한 국가기밀을 암호문 형식으로 홍콩에서 북한으로 발송했다고 주장했다. 이에 대해 진실화해를 위한 과거사정리위원회는 2007년 1월 "위장귀순 간첩 이수근 사건은 불법감금과 자백에 의존한 무리한 기소, 증거재판주의 위반 등 수사기관의 불법행위에 의해 조작된 사건"이라며 "국가는 피해자들과 유가족에게 사과하는 등 적절한 조치를 취하라"고 권고했다.

판문점 비서장회의. 1968. 5. 14. 사진 출처: 대한민국정
부기록사진집

위·아래, 군사정전회
의장 앞에 진열한 협
정위반 증거물들. 판
문점, 1968. 7. 사진 출
처: 대한민국정부기록
사진집

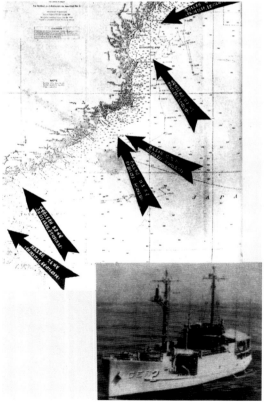

위·아래, 납북되는 푸에블로호 승무원들. 북한 측이 주장하는 침투 경로와 나포된 푸에블로호, 1968. 1. 오른쪽 위·아래, 평양에서 기자회견중인 푸에블로호 부커 선장과 승무원. 그들은 과실을 인정하고 영해 침범을 사과했다. 프랑크푸르트에서 수신한 평양발 전송사진, AP, 1968. 1. 23.

귀환하는 푸에블로호 승무원들. 판문점, 1968. 12. 22

'돌아오지 않는 다리'를 걸어 돌아오는 부커 함장, 판문
점, 1968. 12. 22

위·아래, 헬기편으로 이동하는
부커 함장. 1968. 12. 23.

위, 서울 근교 병원으로 이동중
인 부커 함장을 위로하는 정일
권 국무총리. 1968. 아래, 귀국
후 다시 만난 부커 함장과 그의
부인 로즈 여사. 로스앤젤레스
타임스 John Lualmin 사진, 1968.
12. 24.

위, 판문점 군사정전위. 1968. 아래, 북한 정전위 대표 박중
국 소장(왼쪽)이 미해군 존 스미드 장군의 항의성명을 듣고
있다. 판문점, 1968.

북한군이 발견하여 침몰시킨 간첩선이라고 주장하는
선박과 노획한 무기들. 1968. 6.

북한군이 인양했다며 판문점에 증거물로 가져다 놓은
선박. 판문점. 1968. 6.

미군 트럭이 비무장지대 안에 매복한 북한군의 기습을
받았다. 1968. 4.

위, 유엔군과 북한군
경비병. 판문점, 1968.
아래, 김일성 화형식
에 많은 사람들이 모
여 있다. 서울 남산,
1968.

북한군 판문점 경비병. 1969. 3. 26.

삼기하자 1.21 사태

우리는 1.21사태와 같은 비극을
되풀이 하지않기위해 사력을 다하여
이 강토를 지킨다

WE DO NOT PERMIT ANY
INFILTRATORS TO GO THROUGH OR
PERMIT AN INCH OF OUR GROUND
TO BE GIVEN UP TO THE ENEMY

1·21사태는 북한의 특수부대인 124군 부대 소속 31명이 청와대 습격과 정부요인 암살지령을 받고, 한국군의 복장과 수류탄 및 기관단총으로 무장하고 휴전선을 넘어 야간을 이용하여 수도권까지 잠입한 사건을 말한다. 군·경은 즉시 비상경계태세를 확립하고 현장으로 출동, 28명을 사살하고 1명을 생포하였다. 위, 유일하게 생포된 김신조가 함께 침투했다 사살된 동료들의 시신을 확인하고 있다. 1968. 1. 왼쪽 위·아래, 1960년대의 전방 철책과 초소.

판문점에서 거행된 미 재향군인의 날 행사. 1969.

북한군 사진병. 판문점, 1969.

행진중인 북한 경비병. 판문점, 1970.

북한 경비병. 판문점, 1970.

위, 판문점 취재경쟁, 1970. 왼쪽 위, 정전위 북한 대표 한주경, 1970. 왼쪽 아래, 취재중인 남북한 기자들. 판문 점, 1970.

위, 1969년 12월 11일 강릉비행장을 이륙해 서울로 향하던 대한항공 소속 여객기가 북으로 피납되었다. 1970년 2월 북한은 돌연 51명의 승무원과 승객 중 39명을 송환했다. 피납되었던 승객과 승무원들이 판문점을 통해 귀환하고 있다. 1970. 2. 3. 오른쪽, 자유의 집 앞에 도열한 유엔군측 경비병들. 1970.

위, 북측에서 본 군사정전회담장 내부. 아래, 정전회담
장 전경. 오른쪽 위·아래, 북측에서 본 판문점과 판문
각. 북한 자료사진.

222

사진가 구와바라 시세이가 가본 대성동 '자유의 마을'

경기도 파주시 군내면 대성동 자유의 마을 표지판. 1964.

군사분계선 표지판과 멀리 보이는
북한의 기정동 마을. 1965.

대성동에서 바라본 북한의 기정동 마을. 1964.

대성동 주민들의 교통수단인 군용 트럭. 1964.

대성동 자유의 마을. 1964.

대성동 자유의 마을. 1964.

제4장 남북대화와 교류

1. 남북대화

남북대화란 남북한이 무력 대결을 지양하고 대화로써 한반도 문제를 해결하려는 노력이요, 교류란 남북대화의 성과물이다.

판문점에서의 군사정전위원회 활동이 6·25전쟁을 끝낸 유엔측과 공산측이 정전협정의 위반 사항을 협의하여 평화를 정착하려는 군사적 노력의 소산이라면 남북대화는 남북한 당사자들이 직접 대화하여 현안문제를 풀어 통일에 기여하려는 정치적 노력의 결정이다. 그러나 남북대화는 판문점을 기반으로 하여 진행되어 왔다는 점에서 판문점의 외연 확대라고 말할 수 있다.

남북대화의 목적은 긴장완화, 평화정착, 교류협력 등을 통해서 민족적 화해를 이룩하고 궁극적으로는 정치·군사 문제를 해결하여 우리 민족이 자주적인 노력으로 평화통일을 달성하려는 데 있다.

해방공간에서 김구, 김규식 등이 추진한 남북정치협상과 휴전 이후 유엔 감시하의 자유로운 총선거에 의한 통일정부 수립 노력은 남북대화의 씨앗이었다. 그러나 우리 민족은 대한민국이 1948년 8월 15일 정부를 수립하고, 북한이 같은 해 9월 9일 정부를 수립함으로써 분단국가로 양분됐다. 그 비극은 6·25전쟁으로 절정에 달했지만 1953년 7월 27일 체결된 정전협정 이후 소강상태에 이르렀다.

판문점에서의 유엔측과 북한측의 대좌와 별도로 진행된 남북대화의 시발점은 남북적십자회담이었다. 남북적십자회담과 그 이후 남북한 당국자들 사이에 추진된 주요 회담과 그 성과를 항목별로 개관한다.

가. 남북적십자회담

남북적십자회담이란 1천만 남북 이산가족들의 인간적 고통을 해소하고 궁극적으로는 재결합을 주선해 주기 위해 남·북 적십자사 간에 열린 회담을 뜻한다.

1971년 8월 12일 최두선 대한적십자사 총재의 '남북이산가족찾기운동' 제의로 성립된 이 회담은 이산가족들의 ① 생사 소재 확인 및 통보, ② 상봉 및 방문, ③ 서신 거래, ④ 가족 재결합, ⑤ 기타 인도문제 해결 등 5개항을 의제로 삼아 서울과 평양에서 교대로 개최됐다.

예비회담은 1971년 9월 20일부터 1972년 8월 11일까지 판문점 중립국감독위원회 회의실에서, 쌍방 각 5명씩의 대표가 참가한 가운데 25회 개최됐다. 그 밖에 '남북전신전화 가설 및 운용에 관한 통신기술 실무회의'와 '남북직통전화 운용 절차에 관한 남북적십자 연락관회의'가 기술상의 준비들을 완료했다.

본회담은 서울과 평양에서 7차례 개최됐다. 제1차본회담(1972. 8. 29~9. 2 평양)과 제2차본회담(1972. 9. 12~9. 16 서울)은 분단 이후 첫 남북 왕래라는 벅찬 감격으로 처음부터 끝까지 축제 분위기 속에서 행사 위주로 진행됐다.

제3차본회담(1972. 10. 23~10. 26 평양)에서 한국적십자사는 남북으로 흩어진 가족과 친척들의 생사와 주소를 확인하는 방식을 제의했다. 조선적십자회는 이산가족찾기운동을 선전할 수만 명의 '요해요설인원'을 먼저 상대방 지역 이동 단위까지 파견하자고 주장했다. 양측의 현저한 견해 차이로 회담은 답보상태를 면치 못했다.

남측은 회담의 교착상태를 타개하기 위해 제7차본회담(1973. 7. 10~13 평양)에서 시범사업으로 '추석성묘 방문단'을 상호 교환하자고 제의했다. 그러나 북측은 이를 '지엽적인 문제'라면서 거절하고, 본질 문제인 '선결조건'부터 먼저 해결되어야 한다고 주장하였다. 본회담은 1973년 8월 28일 북한의 전면적인 대화 중단 선언과 함께 단절되었다.

남측은 중단된 본회담의 재개를 위해 1973년 11월 15일 전화통지문으로 "제8차본회담의 연내 개최를 희망한다"라고 하면서 "세부 일정 협의를 위해 연락책임자회의를 갖자"라고 제의했다. 이에 따라 1973년 11월 21일 판문점에서 연락책임자회의가 개최됐다.

북측은 본회담 재개의 전제조건으로 한적 대표단을 개편할 것, 반공법 위반자를 석방할 것 등을 요구하면서 제8차본회담을 서울 대신 평양에서 개최하거나, 아니면 쌍방 교체 수석대표를 책임자로 하는 본회담·예비회담을 판문점에서 개최하자고 주장했다. 양측은 토론 끝에 남북적십자 실무회의를 판문점에서 열기로 합의했다.

실무회의는 쌍방 교체 수석대표를 중심으로 3명씩 1974년 7월 10일부터 1977년 12월 9일까지 3년여 동안 25차례의 회의를 가졌다. 그러나 양측은 이산가족찾기운동의 성격에 관해 날카로운 의견 대립을 해소하지 못했다. 북측은 1978년 3월 20일로 예정된 제26차 회의를 하루 앞둔 3월 19일 평양방송을 통해서 회담의 무기 연기를 선언했다.

북측은 1984년 9월 8일 평양방송으로 남한 수해와 관련하여 쌀 5만 석, 천 50만 미터, 시멘트 10만 톤, 기타 의약품 등을 보내겠다면서 남측의 협조를 요청했다. 남측은 이 제의를 수락하기로 결정하고 1984년 9월 18일 판문점에서 실무 접촉을 갖는 데 동의했다.

1984년 11월 20일 판문점에서 열린 예비접촉에서 쌍방은 '제8차본회담은 서울에서, 제9차본회담은 평양에서 개최'하기로 합의하고, 회담 개최 일자는 추후 전화통지문으로 협의키로 했다.

제8차본회담(1985. 5. 27-5. 30 서울)은 회담이 중단된 지 12년 만에 개최됐다. 한적은 이 회담에서 의제 5개 항을 해결하기 위한 종합적인 의견을 제시하는 한편, 이미 합의한 남북적십자 공동위원회와 판문점공동사업소의 조속한 발족을 촉구했다.

서울에서 개최된 제10차본회담에서 남북 쌍방은 제11차본회담을 1986년 2월 26일 평양에서 개최하기로 합의했다. 그러나 북측은 1986년 초에 팀스피리트 훈련을 이유로 적십자회담을 비롯하여 경제회담, 국회 회담 예비접촉 등 모든 회담을 무기 연기한다고 발표했다.

나. 7·4남북공동성명

7·4남북공동성명이란 1972년 7월 4일 남북한 당국이 민족 분단 이후 최초로 통일과 관련하여 발표한 역사적인 공동성명을 의미한다. 이 성명은 7월 4일 서울과 평양에서 동시에 발표되어 양국 국민을 깜짝 놀라게 했다.

7·4남북공동성명의 배경은 판문점이다. 1971년 11월 20일부터 1972년 3월 22일까지 이후락 중앙정보부장의 신임장을 지참한 대한적십자사의 정홍진과 조선노동당 김영주 조직지도부장의 신임장을 지참한 조선적십자회의 김덕현 간의 비밀접촉이 있었다.

이어서 이후락 중앙정보부장은 1972년 5월 2일부터 5월 5일까지 극비리에 평양을 방문해 김영주 조직지도부장 등과 만났다. 이부장은 만일의 사태가 발생할 경우에 대비해 자결용 극약까지 준비했다. 한편 김영주 조선노동당 조직지도부장을 대신한 박성철 제2부수상이 5월 29일부터 6월 1일까지 서울을 방문해 이후락 중앙정보부장 등과 만났다.

박정희 대통령과 김일성 주석에게 즉보되고 두 사람의 지시를 받아 대화를 진행한 이후락, 김영주는 갈라진 조국과 민족 간에 오해와 불신을 푸는 문제가 가장 긴요하다는 데 인식을 함께 하고 6월 29일 최종 합의한 내용의 문건에 서명했다. 그리하여 7월 4일 오전 10시 서울과 평양에서 동시에 발표된 공동성명의 주요 내용은 다음과 같다.

1. 쌍방은 다음과 같은 조국통일 원칙들에 합의를 보았다.
첫째, 통일은 외세에 의존하거나 외세의 간섭을 받음이 없이 자주적으로 해결하여야 한다.
둘째, 통일은 서로 상대방을 반대하는 무력행사에 의거하지 않고 평화적 방법으로 실현하여야 한다.
셋째, 사상과 이념·제도의 차이를 초월하여 우선 하나의 민족으로서 민족적 대단결을 도모하여야 한다.
2. 쌍방은 남북 사이의 긴장상태를 완화하고 신뢰의 분위기를 조성하기 위하여 서로 상대방을 중상 비방하지 않으며 크고 작은 것을 막론하고 무장도발을 하지 않으며 불의의 군사적 충돌사건을 방지하기 위한 적극적인 조치를 취하기로 합의하였다.
3. 쌍방은 끊어졌던 민족적 연계를 회복하며 서로의 이해를 증진시키고 자주적 평화통일을 촉진시키기 위하여 남북 사이에 다방면적인 제반교류를 실시하기로 합의하였다.
4. 쌍방은 지금 온 민족의 거대한 기대 속에 진행되고 있는 남북적십자회담이 하루빨리 성사되도록 적극 협조하는 데 합의하였다.
5. 쌍방은 돌발적 군사사고를 방지하고 남북 사이에 제기되는 문제들을 직접, 신속 정확히 처리하기 위하여 서울과 평양 사이에 상설 직통전화를 놓기로 합의하였다.
6. 쌍방은 이러한 합의사항을 추진시킴과 함께 남북 사이의 제반문제를 개선 해결하며

또 합의된 조국통일원칙에 기초하여 나라의 통일문제를 해결할 목적으로 이후락 부장과 김영주 부장을 공동위원장으로 하는 남북조절위원회를 구성·운영하기로 합의하였다.

7. 쌍방은 이상의 합의사항이 조국통일을 일일천추로 갈망하는 온 겨레의 한결같은 염원에 부합된다고 확신하면서 이 합의사항을 성실히 이행할 것을 온 민족 앞에 엄숙히 약속한다.

이 성명은 "상부의 뜻을 받들어" 이후락, 김영주 두 사람이 서명한 이상 박정희 대통령과 김일성 주석 간의 합의 내용이라고 말할 수 있다. 이 성명에서 가장 중요한 사항은 자주적 통일, 평화적 통일, 민족적 대단결에 부응한 통일 등 통일의 3대 원칙을 정립한 데 있다.

남북한은 이와 같은 원칙에 따라 무장도발 금지, 남북적십자회담의 성사, 다방면적인 교류 실시, 서울과 평양 사이의 상설 직통전화 개설 등을 약속함으로써 통일을 위한 대장정의 서막을 올렸다.

다. 정상회담

다−1. 6·15남북공동선언

6·15남북공동선언이란 대한민국의 김대중 대통령과 북한의 김정일 국방위원장이 합의하여 2000년 6월 15일 발표한 문서다. 분단 55년 만에 처음 만난 남·북한의 두 정상은 백화원 영빈관에서 6월 14일 오후 3시부터 6시 50분까지 3시간 50분에 걸친 마라톤 정상회담 끝에 이 선언에 합의했다.

공동선언은 첫째, 통일문제의 자주적 해결, 둘째, 1국가 2체제의 통일방안 협의, 셋째, 이산가족 문제의 조속한 해결, 넷째, 경제협력 등을 비롯한 남북 간 교류의 활성화 등을 포함하고 있다. 공동선언문의 요지는 다음과 같다.

조국의 평화적 통일을 염원하는 온 겨레의 숭고한 뜻에 따라 대한민국 김대중 대통령과 조선민주주의인민공화국 김정일 국방위원장은 2000년 6월 13일부터 6월 15일까지 평양에서 역사적인 상봉을 하였으며 정상회담을 가졌다.

남북 정상들은 분단 역사상 처음으로 열린 이번 상봉과 회담이 서로 이해를 증진시키고 남북관계를 발전시키며 평화통일을 실현하는 데 중대한 의의를 가진다고 평가하고 다음과 같이 선언한다.

1. 남과 북은 나라의 통일문제를 그 주인인 우리 민족끼리 서로 힘을 합쳐 자주적으로 해결해 나가기로 하였다.

2. 남과 북은 나라의 통일을 위한 남측의 연합 제안과 북측의 낮은 단계의 연방 제안이 서로 공통성이 있다고 인정하고 앞으로 이 방향에서 통일을 지향시켜 나가기로 하였다.

3. 남과 북은 올해 8·15에 즈음하여 흩어진 가족, 친척 방문단을 교환하며 비전향 장기수 문제를 해결하는 등 인도적 문제를 조속히 풀어 나가기로 하였다.

4. 남과 북은 경제협력을 통하여 민족경제를 균형적으로 발전시키고 사회·문화·체육·보건·환경 등 제반 분야의 협력과 교류를 활성화하여 서로의 신뢰를 다져 나가기로 하였다.

5. 남과 북은 이상과 같은 합의사항을 조속히 실천에 옮기기 위하여 빠른 시일 안에 당국 사이의 대화를 개최하기로 하였다.

다-2. 10·4선언

10·4선언이란 2007년 노무현 대통령이 김정일 국방위원장과 함께 채택한 남북공동선언이다. 노무현 대통령이 2007년 10월 2일부터 4일까지 북한 평양을 방문해 김정일 국방위원장과 함께 개최한 남북정상회담에서 채택한 문서다. 10·4선언의 주요 내용은 다음과 같다.

① 6·15공동선언 적극 구현 ② 상호 존중과 신뢰의 남북관계로 전환 ③ 군사적 긴장 완화와 신뢰 구축 ④ 6자회담의 9·19공동성명과 2·13합의이행 노력 ⑤ 경제협력 사업 활성화 ⑥ 백두산 관광 실시 등 사회문화 분야의 교류와 협력 발전 ⑦ 이산가족 상봉 등 인도주의 협력사업 적극 추진 ⑧ 국제무대에서 민족의 이익과 해외동포들의 권리와 이익을 위한 협력 강화 등이다.

라. 고위급 회담

남북한 고위급 회담이란 남북 간의 긴장완화와 관계개선을 위한 총리급 회담을 가리킨다. 1990년 9월부터 1992년 10월까지 남북한 총리를 단장으로 하는 남북 고위급 회담이 서울과 평양을 오가며 8회에 걸쳐 개최되었다.

연형묵 북한 총리는 노태우정권이 출범한 이후 1988년 11월 16일 부총리급을 단장으로 하는 남북고위급 정치·군사회담을 제의했다. 이에 남한 강영훈 국무총리는 12월 28일 남북관계 개선에 관한 문제를 포괄적으로 다룰 남북고위당국자회담을 제의했다.

필요성을 인정한 양측은 1989년 2월 8일 예비회담을 개최했다. 이 회담은 팀스피리트 훈련과 서경원 의원, 문익환 목사 등의 방북사건으로 교착되었다가 1990년 7

월에 남북고위급 회담에 대한 의제와 시기·장소 등을 합의했다.

제1차남북고위급 회담은 1990년 9월 4일에 남북 총리를 단장하여 서울에서 개최됐다. 이어 제2차(1990. 10. 16 평양), 제3차(1990. 12. 1 서울), 제4차(1991. 10. 22 평양) 회담이 이어졌다.

특히 1991년 12월 제5차 회담에서는 '남북 간의 화해와 불가침 및 교류·협력에 관한 합의서'(남북기본합의서)를 채택했다. 이것은 남북한이 당장 통일이 불가능하다는 공동 인식 아래 서문과 함께 남북화해(제1장), 남북불가침(제2장), 남북교류협력(제3장) 및 수정·발효(제4장)의 4장 25조문으로 구성한 역사적인 문서다.

남북한은 1992년 2월에 열린 제6차 회담에서 '비핵화 공동선언'과 '분과위 구성·운영 합의서' 등에 합의하고 '남북기본합의서'를 정식으로 교환하여 발효시켰다. 그러나 비핵화 공동선언은 이상을 천명했을 뿐 핵무기를 한반도에서 완전히 제거하는 데는 무력했다.

그해 5월 제7차 회담에서는 군사, 경제 교류·협력, 사회문화 교류·협력 등 3개 공동위원회를 구성하고 남북연락사무소 및 남북화해위원회를 설치·운영하는 데 합의했다.

남북한은 9월 제8차 회담에서 남북기본합의서의 구체적 이행을 위한 화해, 불가침, 교류·협력 등 3개 분야의 부속 합의서를 발효시켰다.

그러나 1992년 12월로 예정됐던 제9차 회담은 '남한조선노동당 간첩사건'으로 무산됐다. 북한측은 1993년 초 팀스피리트 훈련계획 등을 이유로 모든 남북대화를 거부했다.

마. 장관급 회담

남북 장관급 회담은 대한민국의 통일부장관과 북한의 내각책임참사를 수석대표로 해 남북한의 전반적 현안에 대해 논의하는 회담을 뜻한다. 2000년 7월 29일부터 2007년 6월 1일까지 21차례에 걸쳐 남북한을 번갈아 오가며 열려 현안문제들을 합의사항 형식으로 발표하고 실천했다. 그러나 합의사항이 없었던 경우도 두 차례 있었다.

남북 장관급 회담은 2000년 6·15공동선언의 이행 및 실천과정에서 제기되는 제반문제를 협의·해결하는 중심적 협의체로서, 적십자회담, 국방장관회담, 경협 실무접촉 등 여러 분야에서 개최된 회담들에서 합의한 사항들의 이행을 총괄·조정·지원하는 역할을 수행했다.

합의사항은 제1차 경의선 철도 연결 등 6개항, 제2차 이산가족 방문단 교환 등 7개항, 제3차 경추위 설치 등 6개항, 제4차 경협 합의서 서명 등 8개항, 제5차 경의선 철도 연결 등 13개항, 제6차 합의사항 없음, 제7차 철도와 도로 착공 등 10개항, 제8차 북핵문제 해결 등 8개항, 제9차 교류 협력 지속 확인, 제10차 북핵문제 해결 등 6개항, 제11차 적절한 대화로 핵 해결 등 6개항, 제12차 당면문제 입장 표명, 제13차 군사당국자회담 조속 개최 등 6개항, 제14차 군사당국자회담 개최, 제15차 8·15행사 대표단 파견 등 12개항, 제16차 한반도의 공고한 평화보장 노력 등 6개항, 제17차 군사당국자회담 개최 등 9개항, 제18차 국군 포로 및 남북한 문제 실질적 해결 등 8개항, 제19차 합의사항 없음, 제20차 인도주의 분야 협력사업 재개, 제21차 남북관계 지속성 유지 등이었다.

남북 장관급 회담은 2007년 노무현 대통령과 김정일 국방위원장의 제2차 정상회담 이후 10·4선언의 이행을 총괄하는 협의체로 남북총리회담이 가동됨에 따라 제21차 회담으로 역할을 끝냈다.

바. 군사회담

남북 군사회담은 6·15남북공동선언 이후 남북한 간의 국방장관회담을 비롯한 군사실무회담을 가리킨다.

군은 6·15남북공동선언으로 남과 북이 반세기 이상 지속되어 온 대립과 대결의 구도를 청산하고 화해와 협력, 그리고 평화를 위한 민족사의 새로운 출발점을 마련하자 남북 간 군사적 신뢰구축 및 긴장완화를 위한 실천적 조치를 마련하기 위한 남북 군사회담에 임했다.

2000년 9월 25일에 대한민국의 조성태 국방부장관과 북한의 김일철 국방위원회 부위원장 겸 인민무력부장이 제주도에서 첫 회담을 가졌다. 남측은 한반도의 실질적 긴장완화와 평화구축을 위해 군사직통전화 개설과 대규모 부대이동 및 군사훈련 상호참관, 경의선비무장지대 철도·도로 연결을 위한 군사실무위원회 구성 등을 논의하기 위한 국방장관회담을 정례화하자고 제안했다.

북한측은 6·15남북공동선언 이행에 방해가 되는 군사행동 금지, 민간인의 왕래와 교류협력을 보장하기 위한 군사적 문제, 군사분계선과 비무장지대를 개방하여 남북관할구역으로 설정하는 문제 등의 협의를 요구했다. 양측은 6·15남북공동선 언 이행에 최선을 다하고 민간인들의 왕래와 교류·협력을 보장하는 데 따르는 군 사적 문제해결을 위해서 적극 협력하기로 합의했다.

7년만인 2007년 11월 27일부터 29일까지 평양에서 열린 제2차 회담은 남북한 정 상회담의 이행을 위한 군사적 대책마련을 위해 군사적 적대관계 종식 및 긴장완화 와 평화보장을 위한 실제적 조치를 추진하고, 서해상의 충돌방지와 평화보장을 위 한 대책을 마련한다는 등 7개조 21개항의 합의문을 채택했다.

합의사항은 1. 군사적 적대관계 종식 및 긴장완화와 평화보장을 위한 실제적 조 치 추진, 2. 전쟁 반대 및 불가침 의무 준수를 위한 군사적 조치 추진, 3. 서해 해상 에서의 충돌방지와 평화보장을 위한 대책 마련, 4. 항구적 평화체제 구축을 위한 군사적 상호 협력, 5. 남북 교류협력사업의 군사적 보장을 위한 조치 추진, 6. 합의 서 이행을 위한 협의기구들의 정상적인 가동, 7. 발효 및 수정 등이다.

군사실무회담은 제1차 국방장관회담에서 합의한 바에 따라 이루어졌다. 우리측 이 2000년 10월 7일 북측에 10월 13일 판문점 우리측 지역인 평화의 집에서 제1차 남북 군사실무회담의 개최를 제의했다. 이에 대해 북측은 유엔사와 협의한다는 방 침에 따라 10월 18일부터 11월 16일까지 4차례의 군사정전위 비서장급회의를 통해 비무장지대 일부 구역을 개방하여 남과 북의 관리구역으로 하는 데 합의하고 11월 17일 '비무장지대 일부구역 개방에 대한 유엔군과 북한군 간 합의서'를 채택했다.

남북 쌍방은 2000년 11월 28일 판문점 북측지역 통일각에서 김경덕 준장을 수석 대표로 한 남측 대표단 5명과 유영철 대좌를 대표단장으로 하는 북측 대표단 5명이 참석한 가운데 제1차 남북군사실무회담을 개최했다.

판문점에서 2007년 12월 12일부터 14일까지 열린 제7차 남북 장성급군사회담은 '동·서해 지구 남북관리구역 통행·통신·통관의 군사적 보장을 위한 합의서'에 서명 한 것을 비롯해 개성공단뿐 아니라 금강산에서도 인터넷과 무선전화 통신을 2008 년부터 허용키로 했다.

사. 경제회담

남북 경제회담은 남북한 간에 물자 교류와 경협문제를 다루기 위한 전문가 회담이다. 이 회담은 1984년 말부터 1985년 말 사이에 5차례 판문점 중립국감독위원회 회의실에서 열렸다.

1984년 10월 12일 신병현 당시 부총리 겸 경제기획원장관은 북한의 최영림 부총리에게 서한을 보내 남북경제회담 개최를 제의했다. 차관급을 수석대표로 하여 남북한 경제당국 및 민간 경제단체 대표들이 참가하는 남북경제회담을 개최하자는 것이었다. 이에 대해 북한은 10월 16일 김환 부총리 명의의 서한을 통해 이를 받아들임으로써 분단 40년 만에 처음으로 남북한 간 경제 분야의 회담이 열리게 되었다.

제1차 회담은 1984년 11월 15일에 열렸다. 여기서 남북한은 교역품목과 경제협력사업 등에 관하여 거의 비슷한 내용의 구체적 제안을 내놓음으로써 회담의 전망을 밝게 해주었다.

제2차 회담은 팀스피리트 훈련을 둘러싼 양측의 마찰로 인해 두 차례 연기된 끝에 해를 넘긴 1985년 5월 17일 개최되었다. 그러나 남한측의 북한산 무연탄 30만 톤 구입 제의, 북한측의 남북경제협조공동위원회 구성 제안 등이 오간 끝에 별다른 진전 없이 끝마쳤다.

제3차 회담은 한 달 뒤인 6월 20일 열렸다. 양측은 남북 간 물자교역 및 경제협력 추진과 남북경제협력공동위원회 구성에 관한 합의서를 채택하는 데 동의하였다.

1985년 9월 18일 개최된 제4차 회담은 별 성과 없이 끝마쳤다.

마지막으로 제5차 회담은 그해 11월 20일 개최되었으나 쌍방이 서로의 입장만을 고수하였기 때문에 전혀 의견 접근을 보지 못했다. 다만 제6차 회담을 1986년 1월 22일 개최하기로 했다.

그러나 회담은 더 이상 이어지지 못했다. 북한이 한미 간의 팀스피리트 훈련을 이유로 1986년 1월 20일 현재까지 진행 중인 모든 남북대화의 연기를 발표했기 때문에 경제회담은 이틀 앞두고 물거품으로 돌아가고 말았다.

그 후 양측은 그해 6월부터 10월 1일까지 대북 쌀 제공과 관련해 3회에 걸쳐 베이징회담을 가졌다. 또 양측은 2000년 11월 8일부터 11일까지 경제협력 제2차실무자 간 접촉을 가졌다.

양측은 2000년 12월 28일–30일 평양에서 남북경협추진위원회를, 2001년 2월 7일–10일 역시 평양에서 남북전력협력실무협의회 회의를 각각 개최하면서 남북 경제협력의 진전을 이뤄 냈다.

아. 국회 회담

남북한 국회 회담이란 남북한 국회 간에 진행된 일련의 회담을 말한다. 남북한 의회 차원의 최초 접촉은 1985년 4월 9일 북한 최고인민회의 의장의 제의를 대한민국 국회의장이 받아들임으로써 성립되었다.

1985년 7월 23일 판문점 중립국감독위원회 회의실에서 열린 제1차 예비회담의 대한민국 대표는 권정달 의원을 수석대표로 정시채, 박관용, 신순범, 강경식 의원 등 5명이었으며, 북한측 대표는 전금철을 단장으로 주창준, 최장룡, 염국렬, 우달호 대의원 등 5명이었다.

1985년 제1차예비접촉에서 쌍방은 회담 일시, 회담 장소, 회담 형식, 대표단 규모, 대표단 왕래절차 등의 문제에서는 합의를 보았지만 의제문제에서 맞섰다. 북한측은 국회 회담을 제의할 때부터 '불가침선언'문제를 주장했고, 한국측은 불가침을 비롯한 전쟁과 평화에 관한 교섭, 조약체결 등은 정부 당국의 소관이기 때문에 국회가 관여할 일이 아니라는 견해를 폈다.

한국측은 남북 국회 회담에서는 입법기관 고유의 권능에 따라 통일헌법 제정 문제를 비롯하여 남북 국회의원들의 친선과 교류 등 통일 기반조성에 필요한 사항을 협의하는 것이 바람직하며, 불가침선언 등의 문제는 남북한 당국 또는 최고책임자 회담에서 협의하여 해결할 것을 촉구했다.

양측은 그해 9월 25일 비공개로 열린 제2차 예비접촉에서도 진전을 보지 못하였으며, 다음해 2월 18일 갖기로 했던 제3차 예비접촉은 팀스피리트 훈련을 문제 삼은 북한측의 무기 연기 요청으로 열리지 못했다.

그 뒤 대한민국 국회는 1988년 7월 9일 '서울올림픽대회에의 북한 참가 촉구 결의문'을 채택했으며, 북한은 '남북국회연석회의'의 개최를 제의했다. 양측은 1988년 그해 8월 19일 판문점 북한측 지역에 있는 통일각에서 제1차 준비접촉을 가졌다. 대표단은 한국측이 박준규, 이한동, 김봉호, 박관용, 김용환 대의원 등 5명, 북한측이 전금철, 안병수, 이동철, 이주웅, 박문찬 의원 등 5명이었다.

양측은 일부 의원을 교체하면서 1990년 1월 24일 제10차 준비접촉에 이르기까지 본회담 의제문제를 비롯한 회담 형식, 대표단 구성, 운영절차 등을 협의했으나 회담은 끝내 결렬됐다. 한국측은 남북 간의 다각적인 교류협력문제, 남북 불가침선언문제, 남북 정상회담 개최문제를 주장하였고, 북한측은 팀스피리트 훈련 중지문제, 불가침에 관한 공동선언 발표문제, 남북협력과 교류문제를 주장했다.

남북 국회 회담은 제11차 준비접촉을 1990년 7월 19일 갖기로 합의했지만 북한측의 일방적 무기 연기 통보로 중단됐다.

자. 체육회담

올림픽은 우정과 친선의 장이다. 남북한은 1988년 서울올림픽을 전후하여 이러한 기회를 갖고자 노력했지만 성과를 얻지 못했다.

북한은 1985년 7월 남북대화를 재개한 것을 계기로 종래의 '서울올림픽 절대 반대' 입장을 수정해 '공동주최'로 전환했다. 북한의 이런 태도 변화는 비동맹국을 비롯한 공산국가들까지 서울대회에 참가하겠다는 의사를 밝히고 있어서 더 이상 반대활동을 전개할 수가 없었으며, 사마란치 IOC위원장도 1985년 2월 '3자 체육회담(남북한과 IOC)'을 제의했기 때문이다.

이에 따라 남북한 및 IOC 3자 간의 체육회담이 1985년 10월부터 1987년 7월까지 스위스 로잔에서 4차례 열렸다. 3자는 IOC측이 내놓은 1986년 6월 제1차 중재안(IOC헌장 및 결의 준수, 탁구·양궁·축구 예선 1개 조 및 사이클 남북 연결경기 등 4종목을 북한측에 할애)과 1987년 7월 제2차 중재안(탁구·양궁·여자배구·축구 예선 1개 조 및 사이클 남자 개인 도로경기 등의 북한 개최)을 중심으로 토의했다.

그러나 북한은 올림픽 경기 총 23개 종목 중 6개 종목의 배정을 요구하고, 또 남북한 동등한 자격하의 공동주최를 고수했다. 동등한 자격이란 스포츠뿐 아니라 정치적, 경제적, 문화적 판도의 균등화를 의미했다. 그러므로 이것은 회담이 암초로 작용했다.

1986년 초 북한은 '팀스피리트' 한미 합동군사훈련을 구실로 대화를 중단했다. 이로써 적십자, 경제, 국회 등 1970년대보다 훨씬 더 많아진 회담의 진행으로 빈번했던 남북한 간의 접촉과 왕래는 모두 끊어졌다.

북한은 서울올림픽 공동주최 교섭에 실패한 후 1987년 11월 KAL기 격추사건을 일으켰다. 이것은 정치적으로 큰 파장을 불러일으킨 동시에 서울올림픽의 안전문제를 제기하는 계기가 됐다. 그러나 서울올림픽은 무사히 치러졌다. 북한은 서울올림픽에 불참하는 대신 1989년 '평양축전'을 개최했다.

2. 남북한 교류

남북한 간의 교류는 다양한 형태로 진행되고 있다. 남북대화와 교류는 대화가 왕성하면 교류도 증진하고 대화가 교착상태에 빠지면 교류도 침체하는 등 서로 비례하는 관계에 있다.

이 글에서는 교류의 발자취를 이산가족찾기, 금강산관광, 철도와 도로 연결, 개성공단, 남북경협, 기자 교류, 경비병 접촉 등의 순서로 살피기로 한다.

가. 이산가족찾기

이산가족은 1945년 광복 이후부터 1953년 휴전까지 월남한 500만여 명, 6·25전쟁 중 납북된 남한의 각계각층 인사 8만 5천여 명, 전쟁 중 북한으로 끌려간 '의용군' 약 44만 명 중 생존자 등 약 1천만 명에 이르는 것으로 추산된다.

1971년 8월 12일 대한적십자사 최두선 총재는 특별성명을 발표, "남북이산가족들의 비극은 금세기 인류의 상징적 비극"이라고 하면서 "남북통일이 단시일 내에 이루어지기 어려운 현실하에서 적어도 1천만 이산가족들의 실태를 파악하고 소식을 전해 주며 재회를 알선하는 가족찾기운동만이라도 우선 전개할 것"을 북한에게 제의했다.

북측은 그해 8월 14일, 평양방송으로 이를 수락할 뜻을 밝히고 "가족만이 아니라 친척·친우까지 포함하여 그들의 자유 왕래를 실현시키자"라고 역제의해 왔다. 이에 따라 양측은 그해 8월 20일부터 9월 16일까지 판문점에서 5차례 연락원을 접촉하고 판문점에서 예비회담을 개최하는 데 합의했다.

8월 20일 정오 판문점 중립국감독위원회 회의실에서 군사분계선을 사이에 두고 남북한 연락원들이 첫 접촉해서 얘기한 시간은 4분이었다. 그러나 그것은 남북 적십자사가 처음으로 얼굴을 마주보고 한 대화, 머나먼 길의 출발이라는 점에서 역사적인 순간이었다.

"안녕하십니까?"
"안녕하십니까, 반갑습니다. 앉으십시오."

"나는 대한적십자사의 이창렬입니다."

"나는 조선민주주의인민공화국 적십자회 중앙위원회 문화부 부부장 서성철입니다."

(이들이 인사하는 동안 대한적십자사의 윤여훈과 북한적십자회의 염종련도 각자 자기소
개를 하고 서로 신임장을 교환했다.)

"이것이 대한적십자사 최두선 총재께서 북쪽 적십자측에 보내는 공문입니다."

"이것은 우리측 적십자회 중앙위원장께서….”

(공문서의 전달이 끝난 후)

"우리는 비가 많이 와서 홍수 피해가 많았는데 그쪽은 피해가 없었습니까?"

"우리는 피해가 없습니다."

"당신은 적십자에 계신 지 얼마나 됩니까?"

"나는 얼마 안 됐습니다."

"우리의 명칭은 대한적십자사라고 합니다."

"우리측은 조선민주주의인민공화국 적십자회 중앙회로 불러주십시오."

"그쪽 명칭은 퍽 길군요. 이쪽은 간단해서 외기가 좋습니다."

(쌍방은 자리에서 일어나 악수하면서)

"앞으로 자주 만납시다."

"네, 반갑습니다. 자주 만나도록 하지요."

그 후 남북 적십자사의 제8차본회담의 합의에 따라 분단 40년 만에 처음으로 이
산가족 고향방문 및 예술공연단의 서울·평양 교환방문이 이루어졌다. 1985년 9월
20일부터 23일까지 3박 4일로 이루어진 이 교환방문단은 쌍방 적십자 총재 인솔하
에 각각 151명씩으로 구성되었다.

평양 방문 한적측 고향방문단은 이산가족 50명 중 35명이 41명의 북한 거주 가
족·친척들과 상봉했고, 서울 방문 북적측 고향방문단은 50명 중 30명이 51명과 상
봉했다.

꿈에도 그리고 눈을 뜨고도 그리던 혈육을 보자마자 그들은 설움과 기쁨을 함께
폭발시키며 한결같이 부둥켜안고 울었다. 이산가족 상봉을 남북한의 모든 TV와
라디오가 중계했다. 시청자들과 청취자들도 함께 울었다. 한반도는 '눈물의 바다'
로 변했다.

이산가족들이 만나는 것과 때를 같이 하여 남북의 예술단은 장소를 달리하여 공
연함으로써 진한 민족애를 자아냈다. 서울예술단은 평양대극장에서, 평양예술단
은 서울국립극장에서 9월 22일과 23일, 각각 2회씩 공연을 가졌다.

아리랑 아리랑 아라리요

아리랑 고개를 넘어간다.

나를 버리고 가시는 임은

십리도 못가서 발병난다.

공연자들도 관객들도 어깨를 들썩이며 함께 노래했다. 그들은 울먹이느라 노래가 제대로 나오지 않아도 흥겨웠다. 확실히 피는 물보다 진했다.

이산가족찾기운동은 우방국만이 아니라 전쟁 당사국들 사이에도 이루어지는 순수한 인도주의 문제다. 대한적십자사는 남북이 같은 동족으로써, 서로 전쟁을 치른 사이라 할지라도 당연히 사상과 이념과 체제를 초월하여, 반드시 이산가족 문제를 해결해야 한다는 기본 입장을 견지하고 있다.

남북고위급 회담이 성립되자 1992년 2월에는 쌍방 총리들 사이에 남북 기본합의서가 채택됐다. 이 합의서 제18조는 "남과 북은 흩어진 가족 친척들의 자유로운 왕래와 서신 거래, 상봉 및 방문을 실시하고 자유의사에 의한 재결합을 실현하며, 기타 인도적으로 해결할 문제에 과한 대책을 강구한다"라고 규정하고 있다.

그럼에도 불구하고, 남북한 이산가족찾기 사업은 그동안 별로 구체적인 진전이 없었다. 그러자 최근에는 이산가족 당사자들이 가족을 찾는 일에 직접 나서는 경향을 보인다.

한국에 거주하는 북한 출신 이산가족들은 1982년 8월 12일을 이산가족의 날로 제정, 같은 해 12월 20일에는 1천만 이산가족 재회 추진위원회를 결성했다. 이밖에 해외 이산가족찾기운동도 이어지고 있다.

나. 금강산관광

금강산관광이란 현대그룹이 주도해 북한의 금강산을 둘러보는 관광상품으로, 남북 간의 긴장을 완화하고 민족애를 심어준 평화 프로젝트다.

1998년 11월 18일 시작된 금강산관광은 한국인들이 북한 중에서도 가장 큰 관심을 끄는 금강산을 오르는 길을 열어 준 남북 분단 50년사에 새로운 획을 그은 사건이다.

이 관광은 현대그룹의 창설자 정주영 명예회장이 소떼를 몰고 판문점을 통해 북한을 방문해 우호를 증진한 후 일궈 낸 값진 업적이었다. 정회장의 오랜 노력과 정부의 햇볕정책이 맞물려 그 결실을 맺은 이 사업은 1989년 1월 정회장이 방북하여 금강산 남북공동개발 의정서를 체결함으로써 시작됐다.

정주영 명예회장의 아들 정몽헌 회장은 1998년 2월 14일 중국 베이징에서 북한 측과 협의한 후 6월 23일 금강산관광 계약이 체결되었음을 발표했다. 통일부는 8월 6일 현대상선, 현대건설, 금강개발의 협력사업자를 승인했다.

현대그룹은 같은 해 10월 13일 장전항 공사를 위한 자재와 장비를 실은 배를 띄웠다. 공사를 마친 현대그룹은 11월 14일 금강산 관광선인 금강호의 시험 운항을 마치고 11월 18일 처음으로 출항했다.

관광객들은 금강산 관광지역 안에 숙박시설이 없었던 초기에는 유람선을 타고 금강산 앞바다에 위치한 장전항까지 가서 낮에는 소형 선박으로 육지로 이동하여 관광하고, 밤에는 유람선으로 돌아와 숙박하면서 4박 5일 동안 여행했다.

남북한 정부는 금강산관광을 활성화하기 위해 육로를 텄다. 그리하여 2003년 9월부터 해로관광을 육로관광으로 대체했다. 현대그룹은 2004년 7월 금강산 당일관광, 1박 2일 관광을 시작했다. 그리하여 2005년 6월에는 금강산 관광객이 100만 명을 넘어섰다.

그러나 2008년 7월 11일 관광객 박왕자 씨가 북한 경비의 피격으로 사망하는 사건이 발생했다. 이 사건의 여파로 금강산관광은 중단됐다.

다. 철도와 도로 연결

철도와 도로 연결은 6·25전쟁 후 한국전쟁 후 끊긴 서울에서 신의주 사이의 철도와 문산에서 개성 사이의 도로 및 동해북부선을 잇기 위해 남북한이 공동으로 추진한 사업을 의미한다.

2000년 6월 남북정상회담 직후에 열린 제1, 2차 남북장관급 회담에서 경의선 철도와 문산에서 개성까지의 도로 및 경원선을 연결하기로 합의했다. 경의선 철도 복구구간은 문산에서 개성 간 27.3킬로미터이고, 도로는 12.1킬로미터이다.

남한과 북한은 2000년 7월 31일 장관급 회담에서 먼저 경의선 철도 연결에 합의했다. 그 후 9월 18일 경의선 철도 연결 기공식, 2001년 12월 31일 비무장지대 이남 남측 구간이 완공, 2002년 9월 18일 남북 구간 연결 착공, 같은 해 12월 31일 남측구간 복원, 2003년 6월 14일 남북 연결로 이어졌다.

한편 2019년에 연결하기로 했던 동해북부선은 예상 일정보다 빨리 착공해 2004년 4월 17일 군사분계선을 건너는 선로를 복원했다. 그리하여 남북출입사무소인 제진역까지는 2005년 12월에 완공됐다. 남북한은 2007년 5월 19일 동시에 경의선과 동해북부선의 열차 시험운행을 실시했다.

2007년 10월 남북정상회담은 문산에서 봉동 간 화물열차를 정기적으로 운행하기로 합의함에 따라 그해 12월 11일 개통했다. 화물열차는 주중 매일 1회 운행됐다. 그러나 남북관계가 냉각되자 2008년 12월부터 화물열차는 운행되지 않고 있다.

경의선 철도 및 도로의 복원은 수송시간의 단축으로 물류비를 줄여 남북한 경제를 활성화할 뿐만 아니라, 시베리아횡단철도(TSR), 중국횡단철도(TCR) 등과 연계돼 동북아 물류의 허브로 작용할 수 있으며, 연결된 동해북부선은 통일 이후 폭증할 금강산 관광객들을 수송할 주요 운송 수단으로 자리매김할 것이다.

라. 개성공단

개성공단이란 남북한이 합의하여 북측 지역인 개성시 봉동리 일대에 개발한 공업단지다.

2000년 6·15공동선언 이후 남북교류협력의 하나로 2000년 8월 9일 남쪽의 현대 아산과 북쪽의 아태, 민경련 간 '개성공업지구건설운영에 관한 합의서'를 체결하여 공단 조성의 기반을 마련했다. 개성공단은 남측의 자본과 기술, 북측의 토지와 인력이 결합해 남북교류협력의 새로운 장을 마련한 사업이다.

2002년 11월 북측이 개성공업지구법을 제정 공포한 이후 12월 남측의 한국토지공사, 현대아산과 북측의 아태·민경련 간 개발업자지정합의서를 체결했다. 2003년 6월 개성공단 착공식은 새로운 역사를 알리는 신호였다. 양측은 2004년 6월 시범단지 2만 8천 평의 부지 조성을 완료했다.

2004년 10월 개성공업지구관리위원회사무소가 문을 열었다. 사무소는 2004년 6월 시범단지 18개 입주업체 선정 및 계약 체결의 성과를 올렸다. 2004년 12월 시범단지 분양기업이 생산한 제품을 처음으로 반출했다. 2006년 9월 본단지 1차 분양기업이 생산한 제품을 반출했고, 2007년 6월 1단계 2차 분양업체를 선정했다.

2010년 9월 입주기업 생산액이 10억 달러를 돌파했다. 2012년 1월 북측 노동자가 5만 명을 돌파했다. 남측 노동자는 700명에서 800명 정도를 유지하고 있다. 이처럼 개성공단은 비약적으로 발전하면서 남측의 기술과 자본, 북측의 노동력을 결합하여 상호 이익을 도모하고 통일의 기반을 조성하는 등 긍정적인 효과를 발휘했다.

그러나 개성공단은 북한핵 문제를 둘러싼 남북한 간의 갈등이 터지면서 2013년 상반기에 폐쇄된 상태다. 북한은 8개 군 통신선을 끊은 후 개성공단으로의 통행을 차단하고 북한 노동자들을 철수시켰다. 한국도 개성공단 관련자들을 전원 철수시켰다. 이로써 2013년 봄 개성공단은 부지와 공장, 기자재와 상품이 남아 있는 가운데 사람은 보이지 않는 쓸쓸한 공간으로 변모했다.

마. 남북경협

남북경협이란 1988년 이후 한국과 북한의 주민(법인·단체 포함)이 공동으로 행하는 경제적 이익을 주된 목적으로 하는 경제적인 교류와 투자가 이루어지는 여러 활동을 가리킨다.

한국은 1988년 7월 민족자존과 통일번영을 위한 7·7특별선언과 그해 10월 남북물자교류에 관한 기본 지침서의 발표로 대북교역을 허용했다. 또한 1990년 8월 남북교류협력에관한법률, 남북협력기금법을 제정하여 남북 교역에 관한 법률적 근거 및 지원제도를 마련했다.

남북경협은 1992년 2월 남북 사이의 화해와 불가침 및 교류, 협력에 관한 합의서가 발효된 후 급속히 진전됐다. 남북한은 1992년 9월 남북교류협력 부속합의서를 채택한 후 직교역 추진에 대한 원칙적 합의와 청산계정 설치 및 운영에 대해 한 합의했다. 남북 간의 교역규모는 1992년 1억 7천만 달러로 급성장했지만 이후 북한핵 문제가 걸림돌이 되어 답보상태에 머물렀다.

그러나 김대중 대통령과 김정일 국방위원장의 정상회담 이후 남북경제 협력사업이 확장되고 개성공단 조성, 남북철도와 도로의 연결, 금강산 관광사업 등 3대 경협 사업이 활기를 띠면서 남북경협은 일반교역 및 위탁 가공교역 중심에서 경공업과 광업 분야로 확대됐다.

남북경협은 정치권력과 이데올로기의 자의적 이익 추구가 아닌 한반도의 평화 정착과 남북 간의 기업과 시민들에게 공통된 이익 실현에 초점이 맞춰질 때 통일의 기반 조성에 적지 않게 기여할 것으로 전망된다.

바. 기자 교류

한국 언론사 사장단 58명은 박지원 문화관광부 장관의 인솔로 2000년 8월 5일부터 12일까지 평양을 방문하고 "남과 북의 언론사들과 언론기관들은 역사적인 남북공동선언이 조국통일실현에 중대한 의의를 가진다고 인정하고 그 이행에 함께 노력할 것을 다짐"하면서 다음과 같이 합의했다.

　첫째, 남과 북의 언론사들과 언론기관들은 민족의 단합을 이룩하고 통일을 실현하는 데 도움이 되는 언론활동을 적극 벌여 나가기로 한다.
　둘째, 남과 북의 언론사들과 언론기관들은 새롭게 조성된 정세의 흐름에 맞게 민족 내부에서 대결을 피하며 민족의 화해와 단합을 저해하는 비방 중상을 중지하기로 한다.
　셋째, 남과 북의 언론사들과 언론기관들은 언론, 보도활동에서 서로 협력하며 접촉과 왕래, 교류를 통하여 상호이해와 신뢰를 두터이 해 나가기로 한다.
　넷째, 남과 북의 언론기관들의 접촉은, 남측에서는 한국신문협회와 한국방송협회를 비롯한 주요 언론단체들의 대표가 참여하는 남북언론교류협력위원회가, 북측에서는 조선기자동맹중앙위원회가 맡아 하기로 한다.
　다섯째, 남측 언론사 대표단은 북측의 초청에 대한 답례로 북측 언론기관 대표단이 서울을 방문하도록 초청하였으며 북측은 앞으로 적당한 기회에 서울을 방문하기로 했다.

한국기자협회는 2002년 7월 15일 '남북 기자 교류의 전망'이라는 기자 포럼에서 "선배들이 제정한 한국기자협회 강령에 따라 조국의 평화적 통일과 민족의 동질성 회복을 위해 노력할 것을 다짐"하면서 다음과 같이 결의했다.

　1. 우리는 남북관계, 한반도를 둘러싼 주변 열강의 이해, 북한의 현실에 관해 사실에 입각해 공정하게 보도할 것을 다짐한다.
　2. 우리는 일부 언론 보도에서 엿보이는 안보상업주의를 경계하며, 이런 보도 경향을 배척한다.
　3. 우리는 남북의 이질화를 지연하고 민족의 동질성을 회복하는 데 언론이 일정한 역할을 할 수 있다고 믿으며, 이를 위해 취재와 보도의 과정에서 실천적인 노력을 기울일 것을 다짐한다.
　4. 우리는 남북 간 기자 교류가 남북의 상호이해와 서로에 대한 신뢰를 구축하는 데 긴요하다고 믿으며, 이를 성사시키기 위해 노력할 것이다.
　5. 우리는 남북한 당국이 한반도에서의 전쟁 방지에 지혜를 모으고, 분단의 해소에 민족의 역량을 집중시킬 것을 촉구한다.
　6. 우리는 2000년 8월 채택한 '남북언론사들의 공동합의문'의 조속한 이행을 촉구하며,

이른 시일 안에 남북의 기자들이 한데 어우러지는 기자대회를 공동 개최할 것을 제안한다.

이상과 같은 열기를 타고 남북 언론인 172명은 2006년 11월 금강산에서 남북언론인 통일토론회를 갖고 6·15공동선언 실천, 민족분열적인 보도 배격 등을 골자로 한 공동성명을 채택했다. 그러나 대부분의 언론은 상업성과 대중성을 무시할 수 없는 이상 독자들의 보편적인 북한 인식과 동떨어진 방향으로 나가기는 어려울 것으로 보인다. 한편 남북한 언론인들의 공식적이고 정례적인 교류는 이루어지지 않고 있다.

사. 경비병 접촉

판문점 공동경비구역(JSA)의 남측 경비를 유엔군사령부 경비대대가 맡아 왔다. 한·미 두 나라 군인으로 구성된 이 대대는 실질적으로 주한미군의 지휘를 받지만 형식적으로는 유엔군 소속이다. JSA 경비대대는 도끼만행사건 때 숨진 아서 G. 보니파스 대위를 기념하기 위해 '캠프 보니파스'로 개명되었다.

미국은 2003년 7월 JSA 경비책임을 한국에 넘기겠다는 뜻을 밝힌 후 2004년 11월 한국군에게 이양했다. 그러나 정전협정의 당사자인 유엔군사령부가 지휘권을 보유하고 있다.

공동경비구역의 경비를 담당하는 남북의 경비병들이 비공식적으로 접촉해 온 사실은 김훈 중위 사망사건을 계기로 한국인 경비병들의 진술로 세상에 알려지게 됐다. 이와 같은 사실은 김훈 중위 사망사건의 복잡성을 암시하는 변수로 떠올랐다. 그러나 미군과 한국군은 김훈 중위가 자살했다고 결론짓고 더 이상의 수사를 진행하지 않았다.

소설가 박상연의 장편소설 『DMZ』는 남북 경비병 간의 대화 및 펜팔, 회식, 선물 주고받기 등의 상황을 묘사하고 있다. 소설은 사실을 허구의 형식을 빌려 표현하기도 한다. 만일 이것이 사실이라면 양쪽 경비병들의 접촉은 법과 명령이 금하고 있음에도 불구하고 "피는 물보다 진하다"라는 격언과 아울러 공동경비구역이 남북의 치열한 첩보전의 전초기지임을 암시한다.

위, 이후락, 1971. 아래, 평양 제2
차 남북조절위원회의에 참석한 최
규하와 남북조절위원을 환영하는
북측 소녀, 1972. 11. 2. 오른쪽 위,
판문점에서 열린 남북조절위원회
제1차 공동위원장 회의, 1972. 10.
12. 오른쪽 아래, 제1차 남북조절
위원회 남측 대표 이후락 중앙정
보부장과 북측 제2부상 박성철,
1972. 10. 13. 사진출처: 대한민국
정부기록사진집

판문점에서 남북가족찾기 남북적십자 예비회담 쌍방
명단 교환을 취재중인 남북 기자들. 판문점, 1971. 9. 16.

남북가족찾기 남북적십자 제1차 예비회담. 판문점,
1971. 9. 20.

남북 첫 전화 통화. 1971.

위·아래 적십자회담 예비회담장에
나타난 남북적십자사 안내양. 판문
점, 1971.

위. 한적 대표단을 맞이하는 개성 만월여중 학생들과 인
민학생, 1972. 아래, 환영나온 개성 만월여중 학생들,
1972.

북한적십자사 인사를 환영하는 여고생들. 판문점, 1972.

위, 남북적십자사 연락원 서류교환. 판문점, 1972. 오른
쪽 위, 남북적십자회담 예비접촉. 판문점, 1972. 오른쪽
아래, 예비회담 대표 박정희 대통령 예방. 청와대, 1972.

북한 대표와 판문각에서 손을 흔드는 제1차 남북적십자
회담 이범석 수석대표. 판문각, 1972.

남북적십자회담 예비접촉. 판문점, 1973.

위, 적십자사 대표단을 환송하는 남한 관계자들. 판문
점, 1972. 왼쪽 위, 방북길에 나선 한적 대표단. 통일로,
1972. 왼쪽 아래, 자유의 다리를 건너 북으로 향하는 한
적 대표단. 임진각, 1972.

남북적십자회담 대표들을 환영하는 시민들. 개성, 1973.

평양 적십자회담을 마치고 귀경하는 대표단을 환영하는 주민들. 통일로, 1972. 9. 2.

이후락 남북조절위원회 공동위원장 제2차 본회의 참석.
판문점, 1973. 3. 15.

판문점에서 북측 대표단을 영접하는 이범석 남북적십
자회담 남측 대표. 판문점, 1973. 7. 12.

① 판문점, 1975. 6. 30.

이창성 기자가 목격한 핸더슨 소령 구타사건

1975년 6월 30일, 그날도 회담이 열리고 있는 중이라 회담장 밖 서쪽 벤치 등받이에 걸터앉아 회담때마다 만나 친해진 북한의 김한수 기자와 이야기를 하고 있었다. 북한의 한철(자칭 평양방송 기자)가 옆에 있었고, 의자 끝에는 공동경비구역 부사령관인 핸더슨 소령이 앉아 있었다. 그런데 대화중 한철 기자가 뜬금없이 핸더슨 소령을 보고 "이 간나새끼들, 죽여야 해"라고 했다. 그러자 핸더슨 소령이 일어나 한 기자에게 뭐라 하자 한 기자는 그의 손을 내리쳤다. 그 순간 옆에서 이를 지켜보던 북측 경비병들이 핸더슨 소령의 얼굴을 주먹 한 방에 때려눕히고 쓰러진 소령의 가슴을 구둣발로 마구 짓이겼다. 우리측 경비병들이 달려들었지만 북한군 장교에게 붙잡혀 전혀 손을 쓸 수가 없었다. 회담장 주변은 순식간에 아수라장이 되었다. 현장에 있던 나는 당시의 상황을 처음부터 카메라에 담을 수 있었다. – 이창성

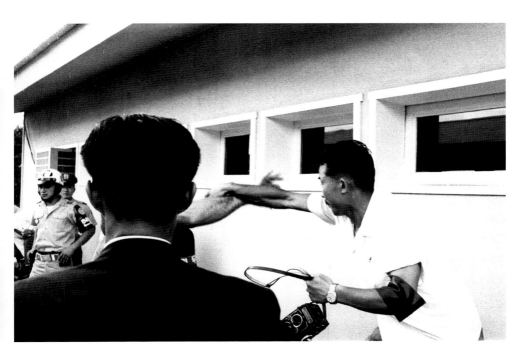

②③

④

⑤

⑥ ⑦

북측 지역을 관측하는 유엔군 경비병, 1975.

위·오른쪽, 제1땅굴. 북한이 기습작전을 목적으로 휴전
선 비무장지대의 지하를 굴착해서 뚫어 놓은 남침용 군
사통로이다. 경기 고랑포 북동쪽 8킬로미터 지점인 비
무장지대 군사분계선 남방 약 1.2킬로미터 지점에서 발
견되었다. 나비 0.9미터, 높이 1.2미터의 콘크리트 슬래
브 구조로 되어 있고, 길이는 약 3.5킬로미터에 달한다.
유사시 전술 능력은 1시간에 1개 연대 이상의 무장병력
을 통과시킬 수 있으며, 궤도차를 이용할 경우 포신과
중화기 운반도 가능하다. 경기 연천군 고랑포, 1974. 11.
17.

281

제2땅굴. 1975년 철원군 군사분계선 남방 900미터 지점
에서 발견되었다. 땅굴은 지하 50~160미터, 길이 약 3.5
킬로미터에 달하는 암석층 굴진 아치형 구조물로 1시간
당 중무장한 약 3만 명의 병력과 야포 등의 침투가 가능
하도록 특수 설계되어 있다. 강원 철원, 1975. 3.

제2땅굴. 강원 철원. 1975. 3.

제3땅굴 발견. 제3땅굴은 1978년 10월 17일 판문점 남쪽
4킬로미터 지점인 군사분계선 남방 435미터 지점에서
발견되었다. 경기 파주, 1978. 10. 27.

제3땅굴. 경기 파주, 1978. 10. 27.

판문점 도끼만행사건

1976년 8월 18일 오전 10시 45분쯤 판문점 공동경비구역 '돌아오지 않는 다리' 남쪽 유엔군측 제3초소 앞에서 미군 장교 2명과 사병 4명, 한국군 장교 1명 사병 4명으로 이루어진 11명의 장병이 한국인 노무자들의 미루나무 가지치기 절단 작업을 호위하던 중 2명의 북한군 장교와 수십 명의 사병이 나타나서 가지치기 작업을 중단할 것을 요구했다. 그래도 UN측이 이를 무시하고 작업을 계속하자 자동차로 증원된 북한군 30여 명이 미리 준비한

도끼와 쇠망치를 휘둘러 2명의 미군 장교를 살해했다. 유엔군은 박대통령과 한국군 수뇌부와 협의 끝에 문제의 미루나무를 8월 21일 오전 7시에 잘라 버리기로 했다. 미군은 만일 이 과정에서 북한군이 대응해 올 경우 개성 과 연백평야까지 국지전 계획을 세워 놓고 미루나무 절단작전을 끝마쳤다. 1976년 8월 21일 군사정전위에서 북 한측 수석대표가 판문점 도끼만행사건 관련 북한 인민군 최고사령관이 유엔군사령관에게 보내는 유감 메시지 구두전달로 이 사건은 마무리되었다.

위, 사건이 일어나기 전의 현장. 아래, 사건 후 판문점에서 열린 경비장교 회의. 오른쪽, 미군과 한국군이 합동으로 펼친 미루나무 절단작전. 판문점, 1976. 8. 25.

한국군 특전사와 미군이 합동으로 펼친 미루나무 절단
작전. 판문점, 1976. 8. 25.

위, 한국군 특전사와 미군이 합동으로 펼친 미루나무 절
단작전. 판문점, 1976. 8. 25. 아래는 잘라 온 나무토막.

위·아래, 유엔군측에 인도되는 헬기 승무원 시신. 왼쪽, 돌아온 미 헬기 승무원. 동부전선 비무장지대에서 미군 헬기 한 대가 북한군 포화에 맞아 격추돼 승무원 4명 중 3명이 사망했다. 생존자 글렌 슈앙케 준위가 억류 56시간 만에 판문점에서 유엔군측에 인도했다. 1977. 7.

위, 남측을 관측중인 북한 경비병. 판문점. 1977. 9. 23.
오른쪽 위·아래. 거진 해상 무장선박 침투를 추궁중인
군사정전위와 증거물로 가져다 놓은 선박. 1978. 5. 27.

SAMPLE OF EQUIPMENT RECOVERED AFTER SINKING OF NORTH KOREAN N-VESSEL VESSEL ON 28 APRIL 1978
1978년 4월28일 북한 침입자의 선박 침몰 노획 장비 상태

① 제389차 군사정전위. 판문점 1978. 6. 27.

②③ 북측 경비초소와
판문각. 1978.

④⑤⑥⑦ 북한 경비병들, 판문점, 1978.

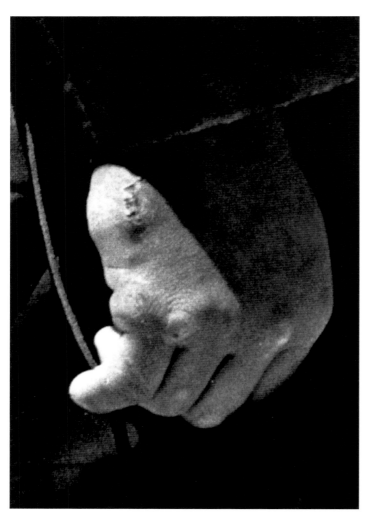

⑩

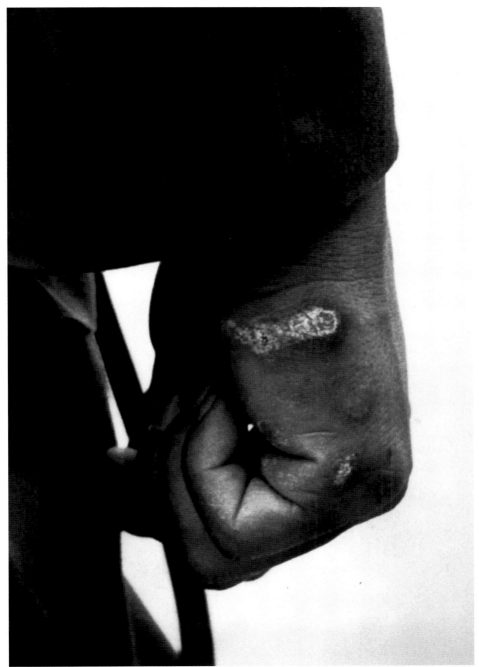

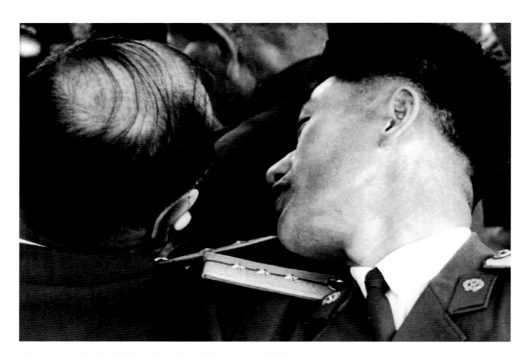

⑫ ⑬

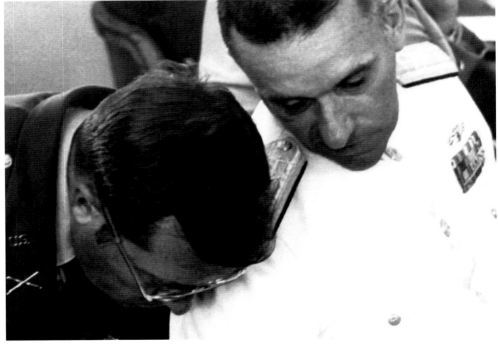

⑯ ⑰ 판문점, 1978.

⑲ ⑳

312

㉑

위·왼쪽 위·아래, 백령도에서 우리 해군 함정과 충돌, 침몰
한 북한 의 선원 4명이 북으로 송환되기 전, 갑자기 옷을 벗
어 던지고 행패를 부리고 있다. 판문점, 1978. 7. 3.

㉒ ㉓ 판문점, 1978. 7. 3.

㉔ ㉕

㉖ ㉗ 판문점에서 취재중인 내외신 기자들.

㉚ ㉛ 남북한 기자들.

위. 남북한 최고책임자회담 제4차 실무접촉, 1981. 아
래. 남북경제회담 수석대표, 1984. 11. 15. 오른쪽, 최전
방 미군관측소를 방문한 레이건 미국 대통령, 1983. 11.

제1차 남북체육회담. 판문점. 1984. 4. 9. 사
진 출처: 대한민국정부기록사진집

위, 남한의 수해민 구호물품을 가득 실은 북한 차량이
판문점을 통과하고 있다. 1984. 9. 아래, 남북적십자사
물자교환 때 북쪽이 보내온 구호물자. 1984. 9. 30.

남북이산가족 고향방문단 및 예술단 교류 남한 예술단
입북. 판문점, 1985. 9. 20.

위, 제2차 남북경제회담을 취재중인 남북한 기자. 판문점.
1985. 5. 17. 아래, 남북 고향방문단 협의를 끝내고 돌아오
는 적십자회담 대표단. 판문점. 1985. 9.

제3차 남북경제회담장에 나타난 북한 여기자, 1985. 6. 20.

판문점 자유의 집, 1987.

위. 남방한계선 남쪽 대전차 방어용 콘크리트 장벽을 취재중인 외신기자. 1990. 1. 19. 아래, 북한의 2중 고압 전류 철책. 1990. 1.

북한에서 본 남한이 구축한 콘크리트 장벽. 사진: 구와바라 시세이

1989년 6월 30일, 한국외국어대학교 4학년에 재학중이
던 임수경(林秀卿)이 평양 세계청년학생축전에 전국대
학생대표자협의회 대표로 방북해 46일 뒤 판문점을 통
해 입국했다. 임수경은 6월 21일 서울을 출발해 도쿄[東
京]에 도착한 뒤 1주일간 머무르다가 6월 28일 서독(독
일)을 거쳐 6월 30일 평양에 도착하였다. 사진은 입북해
활동중인 임수경. 평양, 1990.

위, 전대협 대표 자격으로 1990년 6월 30일 방북하여 평양축전에 참가한 후 임수경이 천주교 정의구현전국사제단의 문규현 신부와 함께 판문점을 통해 돌아오고 있다. 8월 15일 분단 이래 최초로 판문점을 걸어서 귀환한 임수경은 이 사건과 관련해 국가안전기획부(지금의 국가정보원)의 조사를 받은 뒤, 1심에서 국가보안법 위반 혐의로 징역 15년, 자격정지 15년을 구형받았다. 이어 계속된 재판 끝에 같은 해 12월 18일 징역 5년, 자격정지 5년을 선고받고 복역하던 중 1992년 특별 가석방된 뒤, 1999년 복권되었다. 판문점, 1990. 8. 15. 아래, 귀경 후 국가보안법 위반으로 관할서로 이송되는 임수경 양, 서울, 1990. 8. 21.

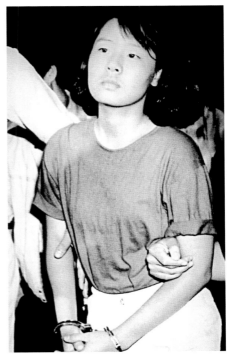

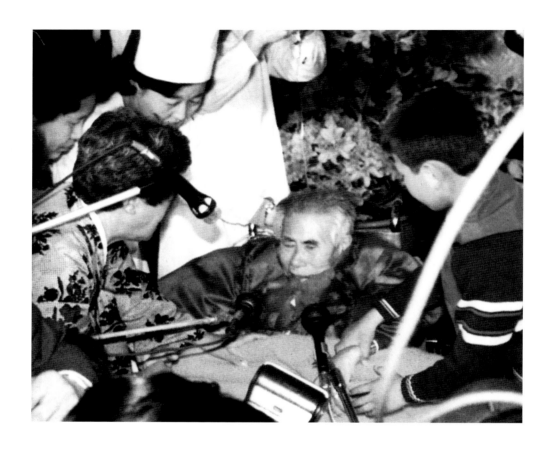

위·오른쪽, 판문점을 통해 북으로 가는 미전향 장기수 이인모를 대대적으로 환영하는 북한 관계자들. 1952년 빨치산 활동 중 검거되어 7년간 복역했고, 1961년 다시 붙잡혀 15년형을 선고받는 등 34년 동안 감옥에 있었다. 1993년 3월 13일 김영삼 정부에 의해 북으로 송환되었으며, 송환된 뒤에는 전쟁 전 결혼했던 부인과 딸이 북에 남아 있어 이들과 함께 생활했다. 판문점, 1993. 3. 13.

위, 입북 후 외손자와 만난 이인모. 1993. 3. 아래, 만경대를 방문해 기념식수하는 이인모. 그는 2007년 사망해 애국열사릉에 묻혔다. 평양, 1993.

제2차 남북고위급회담. 평양. 1990. 10. 18.

위, 남북고위급회담. 강영훈 국무총리와 김일성 주석의 면
담, 1990. 10. 18. 아래, 남북고위급 회담-남북대표단 기념
촬영, 1990. 10. 18.

위, 판문각에서 유엔군 경비병들을 보며 시위중인 북측 관광객들. 아래, 김일성 주석 1주기 행사에 참석하고 군사분계선을 넘어 돌아오는 박용길 장로. 판문점, 1995. 6.

① 소떼를 몰고 방북했던 정주영 현대그룹 명예회장이
5일간의 방북 일정을 마치고 돌아오고 있다. 판문점,
1998. 10.

② 판문점 경비원, 2001. 6.

③ 유엔군으로부터 수해로 떠내려온 북한군 시신을 인수 받기 위해 다가오는 북한군 병사들. 판문점, 2000. 9.

④ ⑤ 위, 판문점, 2001. 6. 아래, 판문점의 북한 경비원. 1996. 6.

판문각에서 망원경으로 남쪽을 살피는 김정은 노동당
중앙군사위원회 부위원장. 2012. 3.

전방을 시찰중인 오바마 미 대통령.
DMZ, 2012. 03. 25. Reuters/Newscom

돌아오지 않는 다리와 녹슨 군사분계선 표지판. 판문점, 1993.

판문점 북한측에 있는 정전회담조인장.

판문점, 1993.

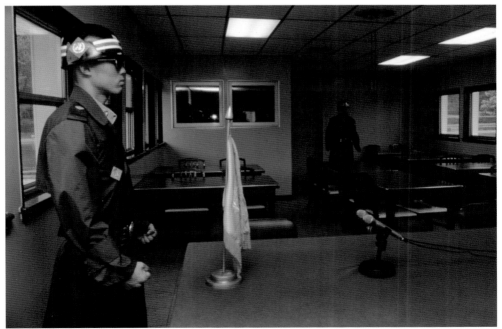

판문점, 1993.

판문점, 1993.

평화누리공원. 임진각. 2012. 10.

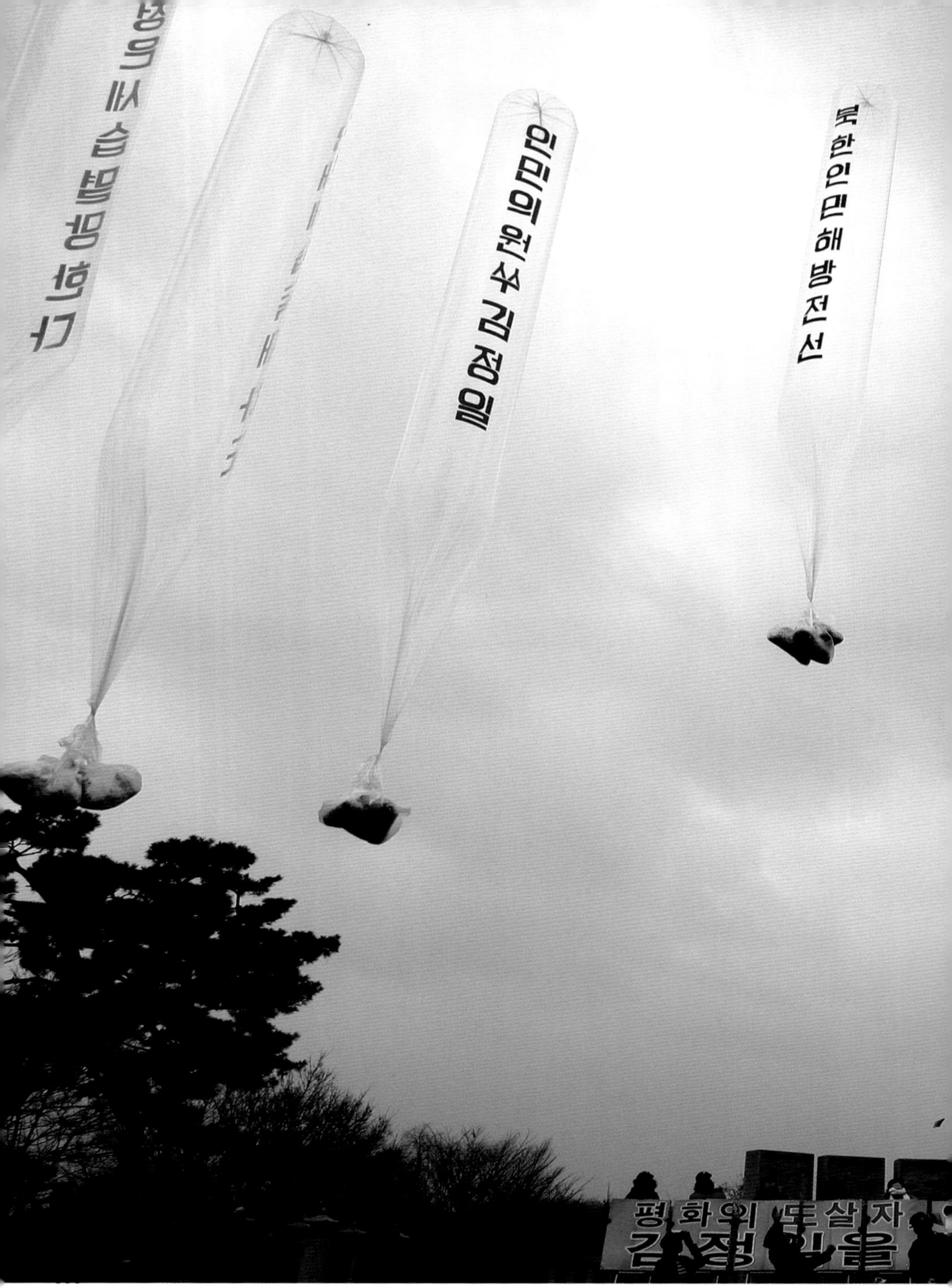
인민의원쑤김정일
북한인민해방전선
평화의 도살자

망배단. 임진각, 2011. 12.

임진각 철교, 2011. 12.

판문점, 2011. 12.

위·왼쪽. 북한측 경비병. 판문점, 2011. 12.

판문각, 2011. 12.

판문각, 2011. 12.

위·아래, 판문점, 2011. 12.

판문점, 2011. 12.

북한측 선전마을인 기정동 마을의 인공기 게양탑. 2013. 3.

북한측 기정동 평화의 마을. 2013. 3.

북한측 기정동 마을 뒤로 보이는 개성공단. 2013. 3.

개성공단, 2011. 12.

출경

개성

개성공단 남북출입관리사무소. 2013. 4.

남북출입관리사무소. 2013. 4.

…를 만들어 나가겠습니다.

남북출입관리사무소. 2013. 4.

개성공단 가는 길, 2013. 4.

개성공단에서 철수하는 남측 기업관계자들과 차량.
2013. 4.

제5장 DMZ와 군사분계선

1. '비목'에 대하여

> 초연이 쓸고 간 깊은 계곡 / 깊은 계곡 양지녘에 / 비바람 긴 세월로 이름 모를 이름 모를
> 비목이여 / 먼 고향 초롱 친구 두고 온 하늘가 / 그리워 마디마디 이끼 되어 맺혔네 // 궁
> 노루 산울림 달빛 타고 / 달빛 타고 흐르는 밤 / 홀로선 적막감에 울어 지친 울어 지친 비
> 목이여 / 그 옛날 천진스런 추억은 애달파 / 서러움 알알이 돌이 되어 쌓였네

음악 전문 PD 한명희 씨가 시를 짓고 작곡가 장일남 씨가 곡을 붙인 〈비목(碑木)〉은
역사에 아로새겨진 동족상잔과 민족 분단의 비극을 절실하게 묘사한다. 이처럼 사
실에 충실하면서도 예술의 차원을 높이 끌어올린 가곡은 〈비목〉 말고는 없다.

초연이 쓸고 간 깊은 계곡은 전쟁의 상흔을 고스란히 간직한다. 그 계곡의 양지
바른 곳에 비바람 맞으며 헤어지고 닳아진 채 서 있는 비목, 이름조차 적혀 있지 않
은 그곳에 이끼만 맺혀 있다.

밤이면 궁노루 즉 사향노루의 구슬픈 울음이 달빛을 타고 흐르는 적막한 공간에
홀로선 비목, 그것이 지키는 이름 모를 주검 위에 돌무더기만 쌓여 있다.

6·25전쟁 중 급박한 상황에서 군인들은 죽은 전우들을 매장할 시간이 없어 시신
위에 돌 몇 개를 쌓고 그 복판에 나무토막을 일(l)자나 열십(十)자로 세운 후 망자의
철모를 걸쳐 놓고 떠났다. 세월이 흐르면 헐벗은 나무토막은 쓰러지거나 삭아서
없어지기도 하고, 떨어진 철모는 구르다 녹이 슨 채 부서져 가루가 되기도 한다.

비목은 비석을 대신해 무덤 앞에 서 있는 나무토막이다. 그것은 돌보다 약하기에
존재하는 기간이 짧다. 꽂혀 있는 동안 말이 없으며 주인공의 이름조차 알려주지
못하는 비목.

이 노래에서 초연은 총알이 발사될 때 퍼지는 화약 연무다. 그것이 휩쓸고 간 깊

은 계곡은 고요하고 음산하다. 그래도 햇빛이 드는 곳에 군인들은 전우의 시신을 묻었다. 대낮의 눈부신 햇빛에 드러난 비목은 얼마나 쓸쓸하고 초라한가?

어느 날 사병들이 총을 쏴 잡은 궁노루 수놈으로 회식을 한 후 사향이 온 산으로 퍼졌다. 그 냄새를 더듬어 부대 근처로 찾아온 암컷이 깊은 밤에 짝 잃은 슬픔을 이기지 못해 울부짖는 소리가 달빛을 타고 하염없이 흐른다.

비목은 나무토막의 형상으로 서 있지만 사람으로 태어나서 부모가 지어 준 이름을 간직하지 못한 채 죽어간 군인들의 이름 모를 신원이요, 적막한 심야에 홀로 울다 지친 그들의 외로운 넋이기도 하다.

이 노래는 "이름 모를 이름 모를 비목이여" "울어 지친 울어 지친 비목이여"라고 그 회한(悔恨)을 거듭 형용한다. 목석이 아닌 바에야 이 대목에서 눈물 흘리거나 가슴 아프지 않을 사람이 몇이나 되랴. 〈비목〉은 전쟁과 살상의 결과를 절절하게 드러내면서 평화의 소중함을 강력하게 호소하는 노래다. 이 노래가 "먼 고향 초동 친구 두고 온 하늘가 그리워" "그 옛날 천진스런 추억은 애달퍼"라고 유소년 시절로 돌이키기에 망자들의 처지는 더욱 가련하다.

이름 없는 비목, 돌무더기 아래 묻힌 시신들은 살이 썩고 뼈는 삭아 한 줌 흙으로 돌아갔으리라. 비목마저 세워 줄 겨를이 없어 숲에 버려진 시신들은 까마귀의 밥이 되고, 계곡 물에 던져진 시신들은 물고기의 밥이 되었으리라.

장일남 씨는 한명희 씨가 소위로 복무했던 1960년대 중반 강원도 화천군 백암산 계곡의 비무장지대를 순찰하면서 본 비목을 소재로 쓴 이 시에 구슬프면서도 장중한 곡을 붙여 무명용사들을 위한 레퀴엠으로 헌상했다.

화천군은 1995년 화천읍 동촌리 파로호 부근에 가곡 '비목'을 기념하여 비목공원을 조성했다. 뜻있는 인사들은 호국보훈의 달인 6월에 열리는 '비목문화제'에 참석하여 6·25전쟁으로 스러진 국군 용사들의 넋을 기리고 있다.

DMZ에는 줄줄이 죽어서 고향으로, 가족의 품으로 돌아가지 못한 젊은이들의 시신이 국적과 이데올로기를 가릴 수 없는 상태로 땅속에 뒤섞여 있다. 지금도 삽으로 땅을 파면 여기저기서 나오는 유골의 주인공들은 동족상잔의 비극의 희생자라는 점에서 동일하다.

편안하게 눈을 감지 못했을 그들이 가곡 〈비목〉이 노래하듯 "먼 고향 초동 친구 두고 온 하늘가"로 혼백으로나마 돌아가 "그 옛날 천진스런 추억"을 더듬으면서 전

386

쟁의 악몽을 떨쳐 버릴 수 있을까.

남북으로 갈라진 우리 민족이 살벌했던 전쟁의 참화와 정전협정 체결 이후에도 벌어지고 있는 갈등과 대결의 국면을 벗어나 DMZ에서부터 서로 얼싸안으며 진실로 평화를 노래할 날은 언제 올까.

2. DMZ의 군사적 의미

중국의 빼어난 역사가 사마천은 지고자경(志古自鏡) 즉 과거를 자신의 거울로 삼는다는 교훈을 남겼으며, 영국의 사학자 E. H. 카는 "역사는 과거와 현재의 대화"라고 언급했다. 역사는 그대로 되풀이되지는 않지만 인간의 현재와 미래의 좌표를 정립하는 데 중요한 동기를 부여한다. 그러한 의미에서 우리는 DMZ의 과거를 살피고 현재와 미래를 점검하지 않을 수 없다.

DMZ는 정전협정 제1조 제1항과 같이 "한 개의 비무장지대를 설정하여 이를 완충지대로 둠으로써 적대행위의 재발을 초래할 수 있는 사건의 발생을 방지한다"라고 규정하고 있다. 비무장으로 완충지대를 형성하고 이것으로 적대행위를 멈추게 한다는 것이 DMZ의 목적이다.

유엔측과 공산측이 인위적으로 만들어낸 군사분계선과 이 분계선으로부터 남북으로 2킬로미터씩 물러난 지점에 각각 설정한 남북방 한계선 사이의 비무장지대로 설정된 DMZ는 4킬로미터의 폭으로 동서로 155마일 즉 248킬로미터나 구불구불 이어지면서 한반도와 한민족을 동강냈다.

정전회담의 첫날인 1951년 7월 10일 유엔측과 공산측이 합의한 5개항의 의제 중 두 번째 안건이 '비무장지대(DMZ)의 설치를 위한 군사분계선(MDL)에 대한 합의'였다. 이 안건은 공산측이 주장한 38선과 유엔측이 주장한 현 전선의 접촉선(line of contact)의 대결과 절충 과정을 의미한다.

공산측은 제2차 본회담(1951. 7. 11)에서 38선은 해방 후에 정치적, 역사적 이유에서 채택된 남북한의 경계선이며 38선에서 전쟁이 일어났으니 원점으로 돌아가야 한다는 이유를 내세워 38선을 군사분계선으로 정해야 한다고 주장했다.

공산측은 제10차 본회담(1951. 7. 26)에서 38선을 군사분계선으로 하고 양쪽이 10킬로미터씩, 모두 20킬로미터의 비무장지대를 설정하자고 주장했다. 이에 대해 유엔측은 정치적, 역사적 이유로 주장하는 38선은 군사분계선으로 적합하지 않다고 맞섰다.

유엔측은 제11차 본회담(1951. 7. 27)에서 현 전선의 접촉선을 군사분계선으로 하고 양쪽이 16킬로미터씩, 모두 32킬로미터의 비무장지대를 설정하자고 주장했다. 유엔측 조이 수석대표는 적대적인 쌍방 전투부대들이 지난 13개월 동안 적어도 네 번이나 38선을 넘나들었으며, 공군과 해군은 유엔군이 한반도 전역에서 패권을 장악하고 있으므로 지상에서 분계선을 그을 때는 공산측이 유엔측에게 양보해야 한다는 이유를 제시했다.

양측은 DMZ 문제로 본회담 때마다 공방전을 벌였지만 제25차 본회담(1951. 8. 15)까지 입장을 좁히지 못했다. 이 때문에 유엔측은 제26차 본회담(1951. 8. 16)에서 군사분계선 문제에 아무런 진전이 없으므로 수석대표 본회의보다는 비공개로 처석 대표회의를 열고 진지하게 논의하자고 제의했다. 공산측은 이 제의에 동의했다. 그리하여 차석 대표회의에는 유엔측에서 호드스 소장과 머그 대령이, 공산측에서 인민군 리상조 소장과 중공군 쉬핑 소장이 참석했으나 교착상태에 빠졌다.

유엔측과 공산측은 그때까지 개성에서 정전협상을 벌여왔지만 판문점에서 개성에 이르는 도로에서 몇 차례 사고가 발생해 정전회담장을 개성에서 판문점으로 옮기기로 합의하고 제27차 본회담(1951. 10. 25)부터 판문점에서 열었다.

제27차 본회담은 차석 대표들 간의 비공개회의를 속개하기로 하고 1개월가량 본격적인 논의를 계속했다. 유엔측과 공산측이 평행선을 긋는 가운데 중국의 쉬핑 소장은 군사분계선 문제에 관해 많은 발언을 했다. 그는 유엔측과 공산측의 언쟁이 격화되면 양쪽을 중재하는 등 영향력을 발휘했다. 그들이 엎치락뒤치락하는 동안 한반도의 운명은 들썩들썩했다.

이 협상 과정에서 공산측은 유엔측이 한반도 전역에서 공군과 해군으로 패권을 장악하는 것을 양보하면서 현재의 접촉선을 군사분계선으로 하는 것 이상을 요구하지 않는다면 38선을 군사분계선으로 하자던 종래의 입장에서 후퇴할 수 있음을 비쳤다. 그만큼 그들은 유엔측의 공군력과 해군력을 두려워했던 것이다. 유엔측은 공산측의 38선 양보안을 받아들이는 대신 비무장지대의 폭을 좁히는 선에서 양보하기로 했다.

그 후엔 접촉선의 범위가 논란의 중심으로 떠올랐다. 유엔측은 동부전선의 금성 부근에서 남쪽으로 물러날 것이니 공산측은 개성에서 북쪽으로 물러날 것을 제의했지만 공산측은 강력하게 개성을 포기하지 않아 마침내 이를 사수했다. 공산측은 옹진반도와 연안반도를 유엔측에게 넘겨줄 테니 철원과 금화를 공산측에게 양보하라고 제의했지만 유엔측은 이를 거부했다.

다음으로 접촉선을 어느 시점의 것으로 할 것인가가 문제됐다. 유엔측은 정전회담이 계속되는 동안에도 전쟁은 이어지고 있었으므로 우세한 전투력으로 땅을 확장할 수 있다는 판단에서 정전회담이 잘 진행돼 정전협정을 조인할 때의 접촉선에 따라 군사분계선을 설정할 것을 제의했지만 공산측은 당장의 접촉선을 따라 군사분계선을 긋고 사실상 휴전상태로 돌입할 것을 제의했다.

이 국면은 매우 중요한 의미를 갖는다. 공산측이 군사분계선을 38선에서 당시의 접촉선으로 양보하고 그것도 서둘러 설정하자고 나온 것은 그만큼 전황에 대한 불안감을 반영하고 있었다. 이 점을 파악한 유엔측 차석대표단은 정전협정 조인 순간의 접촉선을 계속 주장했다.

그러나 워싱턴 당국은 대통령선거를 앞두고 반전여론이 조성되는 것을 피하고 서둘러 종전하여 단 한 명의 희생자라도 덜 발생케 해야 한다는 압박감이 작용한 탓인지 11월 14일 공산측 분계선 설정안을 조속히 수용하라고 지시했다.

비공개 회의에 참석한 양쪽의 차석 대표들과 참모들은 5만분의 1 지도에 당시의 전선 접촉선에 따라 군사분계선을 그리고 남북쪽으로 각각 2킬로미터씩 물러선 곳에 남북방 한계선을 그어 그 사이를 DMZ 즉 비무장지대로 설정했다. 제28차 본회담(1951. 11. 28)은 차석 대표회의가 올린 내용을 공식적으로 합의했다.

그리하여 5만분의 1 지도에서는 종이 위에 펜으로 그은 세 개의 선과 그것을 종합한 띠는 한반도에서는 국토와 민족을 남북으로 가르고 숱한 비극을 양산하는 현재의 군사분계선과 DMZ로 굳어져 한반도의 운명을 결정적으로 좌우하는 기준으로 작용한다.

1953년 7월 27일 유엔측과 공산측 대표가 조인한 정전협정 제1조 제4항은 "적대 쌍방 사령관들은 비무장지대와 각자의 지역 간의 경계선에 따라 적당한 표식물을 세운다. 군사정전위원회는 군사분계선과 비무장지대의 양 경계선에 따라 설치한 표식물의 건립을 감독한다"라고 규정한다(정전협정문이 '표식물' 또는 '표식판'이라고 표기한 것은 '표지물' 또는 '표지판'의 오기이므로 이 글에서는 이하 '표지물'

또는 '표지판'이라고 쓴다).

　그리하여 군사분계선은 정전협정이 발효된 순간부터 1954년 9월까지 임진강변의 0001호 표시물부터 동해 연안의 1,292호 표지물까지 세워졌다. 군사정전위원회는 그 중 유엔측이 696개, 공산측이 596개를 관리하도록 역할을 분담했다.

　군사정전위원회는 각 표지판의 거리는 군사분계선이 직선일 때는 500미터를, 곡선일 때는 300미터를 넘지 않도록 설치했다. 쇠로 된 이 표지판은 노란색 바탕에 검정색으로 북쪽을 향해서는 한국어와 중국어를 병기하여, 남쪽을 향해서는 한국어와 영어를 병기하여 '군사분계선'이라고 쓰고 그 아래에 번호를 기입했다.

　그러나 세월은 흐르고 산림이 우거져서 시야를 가리고 비바람이 몰아친데다 홍수와 산사태까지 겹쳐 이 표지판들 중 상당수가 낡아서 글자를 알아보기 어렵고 유실돼 군사분계선의 소재를 명확하게 보여주지 못하고 있다.

　군사정전위원회 본회의와 비서장회의에서 양측이 많은 표지판의 위치를 둘러싸고 논쟁을 벌이고 현장으로 출동해 5만분의 1 지도에 표기된 분계선 지도를 근거로 공동조사를 했다. 하지만 5천분의 1 지도도 아닌 5만분의 1 지도로 1,292개나 되는 표지판의 정확한 위치를 판별한다는 것은 한강 모래밭에서 바늘을 찾는 것만큼 어렵게 돼 있다.

　이와 같은 사실은 인위적으로 설정된 군사분계선이 분단의 영원한 족쇄가 될 수 없다. 쇠붙이는 비에 녹이 슬고 녹이 슨 쇠붙이는 언젠가는 삭아서 넘어지고 그것을 다시 세워도 같은 과정을 반복하므로 군사분계선 표지판으로서의 기능이 허약하다. 표지판이 분명하지 않으면 논쟁과 충돌을 증폭시킬 수밖에 없다. 현실적으로 확실치 않은 군사분계선은 그만큼 군사분계선으로서의 권위를 상실한다는 이치를 함축한다.

　1969년 3월 12일 미 제2사단 DMZ 작업반이 북한측에게 사전에 통보하고 3월 15일 제1122호 표지판을 새로 갈아 끼우고 돌아서는 순간 북한 초소에서 인민군들이 총을 쐈다. 이 사건으로 미군 1명이 사망하고 3명이 부상했다. 미군은 부상자들을 후송하기 위해 헬리콥터를 띄웠다. 그러나 인민군은 다시 이 헬리콥터를 쏴 추락시켜 8명을 더 죽였다. 그 후로 4년 동안 유엔측은 표지판 보수작업을 중단했다.

　1973년 3월 14일에는 남북조절위원회가 평양에서 개최되고 3월 20일에는 적십자회담이 평양에서 열리게 돼 있었다. 기자들은 판문점을 통해 북한으로 갈 예정이었다. 이것은 남북 간에 대화와 화해의 기운이 성숙해 가고 있었음을 말해 준다. 군사분계선과 DMZ에도 평화가 깃들 날이 멀지 않은 것처럼 보였다.

이러한 분위기를 반영하듯 유엔군사령부는 남북 간의 직통전화를 통해 1973년 2월 말에 민정경찰 즉 DMZ 안에서 헌병(MP) 완장을 차고 복무하는 군인들이 3월 한 달 동안 군사분계선 표지판 제0537호부터 제0701호까지 점검하고 필요하면 보수 또는 대체하겠다고 통보했다.

이에 따라 1973년 3월 7일 오후 1시 20분 한국군이 중부전선 철원 북방 DMZ 안에서 군사분계선 표지판 제0654호를 갈아 끼우고 이것이 잘 보이도록 주변을 정리하고 돌아서는 순간 인민군들이 초소에서 발포해 한국군 2명이 사망하고 1명이 중상을 입는 사건이 일어났다.

시간이 흘러 1997년 7월 16일 오전 10시 50분 김화 북방 DMZ에서 남하하는 인민군 7명을 향해 한국군이 경고방송을 하고 경고용으로 200발을 발사했다. 그러나 인민군은 곡사포로 대응했다. 이렇게 23분 동안 양쪽 전방초소에서 사격전이 벌어졌다. 국방부는 이 사건에 대해 "이들이 군사분계선을 넘어 70미터까지 내려온 것이 육안으로 확인됐다"라고 발표했다.

그러나 이 사건에 대해 북한측은 인민군 DMZ 순찰대가 군사분계선 북측지역에서 정상적인 순찰 근무중이었다고 설명하고 한국군이 "고의적이며 계획적인 무장도발 행위를 했고 무반동포와 12.7밀리 대구경 기관총을 비롯한 3천6십여 발의 총격을 가했다"라고 밝히고 "인민군들이 부득이 자위조치를 취했다"라고 주장했다.

엄격하게 말하면 정전협정은 양측이 DMZ 안에 상주할 수 있는 인원을 1천 명으로 제한했다(정전협 제1조 제10항). 그러나 군정위 조사반이 상대측 DMZ에 투입되어 그 수가 몇 명인지, 1천 명이 넘는지의 여부를 조사한 적이 없다. 그러므로 군사정전위원회는 남북한 군이 가장 예민하게 맞서고 있는 군사분계선과 DMZ에서 "적대행위의 재발을 초래할 수 있는 사건의 발생을 억제"하는 기능을 완벽하게 수행하고 있다고 말하기는 어렵다.

군사정전위원회는 DMZ 안의 민정경찰은 원칙적으로 권총과 보총만을 휴대하도록 정했다. 그러나 북측 민정경찰은 표준무기인 AK-47을, 남측 민정경찰은 M-16을 휴대하고 있다. 이와 같은 사실은 군사정전위원회의 평화 유지 기능을 누가 먼저 위반했건 간에 남북한 양쪽 군인들이 군사분계선과 비무장지대에서 표준

무기를 휴대한 채 적대적 자세를 취하고 있음을 의미한다. DMZ 내에서의 이상과 같은 양측의 갈등과 충돌은 미세한 유형에 불과하다.

북한은 이미 DMZ를 요새로 만들었다. 북한쪽 DMZ에서 오래 복무하다 1983년 5월에 귀순한 인민군 신종철 대위는 오래전에 설치한 무장한 요새화 진지 18개가 자기 사단구역 DMZ 안에 있고, 각 초소에는 32명의 군인들이 수류탄 투척기, 자동 소총, 기관총, 박격포, 무반동포, 곡사포, 휴대용 지대공 미사일로 무장하고 있다고 증언했다. 인민군들은 DMZ 내 각 초소 앞에는 지뢰를 묻고 전기 철조망을 치고 있다. 이와 같은 요새가 북한쪽 DMZ 안에 광범하게 설치되어 있다면 DMZ는 '비무장지대(DeMilierized Zone)'가 아니라 '더럽게 무장된 지대(Dirty Militerized Zone)'의 약자로 변질되었다고 말할 수 있다.

북한은 1994년 4월 28일 외교부 성명을 통해 "정전협정은 조선반도에 평화를 보장할 수 없는 빈 종이장으로 되고 군사정전위원회는 사실상 주인 없는 기구로 유명무실하게 되었다"라고 선언했다. 북한을 통치하는 조선노동당의 기관지 『로동신문』은 1995년 5월 18일 논평에서 "북미관계는 여전히 교전상태에 있다"라고 지적했다.

이어서 북한은 1996년 3월 29일 인민무력부 제1부부장 김광진의 담화를 통해 한국과의 '전쟁불가피'론을 언급한 데 이어 "미국과의 평화보장 제안 거부에 대한 대응책에는 군사분계선, 비무장지대의 지위를 유지할 수 없게 된 상황에 따른 조치들이 포함될 것"이라고 경고했다.

북한 이러한 입장을 대외에 천명하면서 DMZ 안에 진지를 구축하고 북방한계선에 바짝 대 서울과 대전까지 타격할 수 있는 방사포들을 이동했는가 하면 중화기부대들을 전진 배치했다. 그들의 '서울 불바다'론은 엄포가 아니라 결심하면 실행할 수 있는 현실적 위협이 되고 있다.

뿐만 아니라 북한은 베트남전에서 미군에게 치명타를 안긴 땅굴작전을 원용하여 전 세계에서 가장 긴 장거리 남침용 땅굴을 파 온 것으로 알려지고 있다. 미과학자협회는 1999년 가을 자체 홈페이지에 "한국 안에 북한의 장거리 남침 땅굴이 20여 개 있는 것으로 미 국방성은 파악하고 있다"라고 지적하고 지도에 대체적인 위치를 표기하기까지 했다.

지금까지 북한이 DMZ의 지하를 뚫고 남방한계선 바로 아래까지 파 내려온 남침 땅굴 4개를 한국군은 찾았다. 그것은 1974년 11월 15일에 발견한 연천군 장남면 고랑포리의 제1땅굴, 1975년 3월 19일 발견한 철원 북방 13킬로미터 지점의 제2땅굴, 1978년 10월 17일 발견한 판문점 서남쪽 도라산 부근의 제3땅굴, 1990년 3월 3일 발견한 양구군 해안면 서희령 앞의 제4땅굴이다.

그러나 남침 땅굴 탐사 및 확인작업에 참여하여 공을 세워 1975년 4월 25일 박정희 대통령으로부터 보국훈장 광복장을 받은 수맥 및 땅굴탐사 전문가 이종창 신부는 "지금까지 발견되었다는 4개의 땅굴은 북한이 훨씬 먼 남침 땅굴을 대한민국의 후방 깊숙이 파는 것을 위장하기 위해 남방한계선 부근에서 한국군에게 고의로 노출시킨 가짜"라고 주장하고 있다.

만일 대한민국 국민이 밀집해서 사는 서울이나 그밖의 대도시 또는 주요 산업시설까지 북한의 장거리 남침 땅굴이 단 한 개라도 뚫려 있다면 대한민국의 안보에 결정적인 위협이 될 수 있다. 국방부는 그 가능성을 부인하고 있다. 그러나 남침 땅굴이 군이 찾은 4개 외에 더 있을 것으로 믿는 일단의 국민은 그것을 찾기 위해 부심하는 것으로 알려지고 있다.

3. DMZ의 환경적 의미

DMZ는 환경이란 관점에서 접근하면 동식물의 천국이다. 군사적으로는 남북한 군이 서로 총부리를 겨누고 여차하면 발포하여 전투, 국지전 또는 전면전을 벌일 가능성이 있는 지역이고, 인명 살상이 최초로 그리고 대규모로 이루어질 수 있는 매우 위험한 지역인 DMZ가 환경적으로는 대자연의 은총이 풍성하게 내려 동식물들이 번성하고 세계적으로 희귀해서 보존의 필요성이 절실한 동식물들이 서식하거나 머무르는 복 받은 땅이라는 사실은 이율배반적인 듯하다.

그러나 이 점은 모순이 아니라 당연한 논리의 귀결이다. 그 까닭은 첫째, 정전협정이 발효된 1953년 이래 2013년 현재까지 60년이라는 긴 세월이 흐르는 동안 한반도에는 판문점을 중심으로 끊임없는 언쟁과 DMZ 안팎에서 잇따른 충돌이 있었지만 전면전이 발생하지 않았다. 그러므로 미사일이 터지거나 화생방 무기가 발사되지 않은 DMZ는 불바다나 쑥밭을 면했다.

남북한 어느 한쪽이 선전포고를 하거나 그것을 하지 않고 기습적으로 침범해 전면전을 일으킨다면 DMZ 곳곳에 묻혀 있는 지뢰들이 터지고 전쟁에 지장이 있는 나무들을 제거하기 위해 불을 지르며 군인들 간에 대대적인 소탕작전이 벌어져 생지옥이 될 것을 예상하기란 어렵지 않다. 사람이 떼죽음당하고 산천초목이 폐허가 되는 상황이 오면 DMZ 안에서 낙원의 혜택을 입어 온 동식물들이 진멸지경에 이르리란 것은 틀림없다. DMZ의 동식물들은 이런 대재앙을 맞지 않았으므로 번성할 수밖에 없다.

둘째, 정전협정 당사자인 유엔측과 공산측이 군사분계선에 베를린 장벽과 같은, 사람과 짐승이 넘을 수 없는 높고 단단한 콘크리트 차단벽을 설치하지 않고 쇠로 된 표지판을 수백 미터 간격으로 세워 놓았기 때문이다. 이런 표지판은 1,292개나 되었다. 그러나 시간이 흐름에 따라 그것들은 쓰러지거나 없어졌고 그것을 보수하거나 대체하는 군인들은 상대측으로부터 공격을 당해 엉성한 공간을 그대로 둘 수밖에 없는 상황이 조성되기도 했다.

북한측은 이런 상징적인 표지물들을 무시하고 군사분계선, 나아가서는 DMZ와 군사정전위원회까지 무력화하고 미국과의 단독 협상으로 정전협정을 평화협정으로 전환하기 위해 노력해 왔다. 정전협정의 한쪽 당사자로부터 경홀히 취급당하는 군사분계선, 표지물들을 뛰어넘고 그 사이 수백 미터 공간을 자유자재로 넘나드는 동물들, 더구나 폭 4킬로미터, 길이 155마일의 드넓은 공간을 확보 받아 날뛰는 동물들과 그 안에 사람들이 별로 드나들지 않아 짓밟히거나 뽑힐 염려가 없는 식물들은 살판이 났다.

가끔 남북한의 첩보원이나 무장 간첩들이 철책으로 이뤄진 남북방 한계선의 일부를 끊고 상대지역으로 침투한다. 그렇다면 신경이 예민하고 발이 빠른 짐승들이 이 절호의 기회를 놓치지 않고 DMZ를 빠져나가 사람을 좀더 많이 구경할 수 있는 새로운 세상을 체험하기도 하고, 남북한을 세로로 관통하는 기쁨을 누릴 수 있다. 짐승들은 철책선이 아예 없어지면 더욱 활발하게 뛰어놀 것이다.

셋째, 남북한 군 당국이 군사작전상 DMZ에 인접한 지역에 민간인통제선(약칭 민통선)을 긋고 주민이나 외지인들의 재산권이나 활동을 일부 제한하고 있기 때문이다. 이 선 안에 사는 사람들은 이 점을 못마땅하게 생각할 것이다. 그러나 전쟁이 발생하면 민통선 지역은 접적지역으로 피해가 막심할 것이 틀림없다. 민통선은 적으로부터 국토를 방어하고 국민의 안전을 지키기 위한 방책이면서 동식물들에게는 낙원의 혜택을 넓히는 결과를 초래하고 있다.

무릇 사람의 발길이 잦고, 개발이 무분별하게 진행되면 자연은 파괴되기 마련이다. 언젠가는 개발제한 조치가 풀릴 것으로 예상하고 미리 부동산 투기에 열을 올린 사람들은 개발론을 부추기고, 동식물 같은 것을 소탕하고 싶을 수 있다. 그러나 천지와 만물은 모두 소중하고 짐승과 식물들도 인간과 함께 번성하면 우주가 천국이 될 수 있기 때문에 민간인 통제지역(약칭 민통지역)은 60년 동안 고히 보존되어온 DMZ와 함께 한반도의 인간이 버려 두면 자연은 살아난다는 값진 교훈을 한반도뿐 아니라 세계에 던져 주고 있다.

일반 국민은 특별한 경우를 제외하고는 비무장지대는 물론 민통지역 안으로 들어갈 수 없다. 그러므로 비무장지대와 일부 민통지역이 얼마나 아름다운 대자연의 기상을 뽐내고 있는지 일반 국민은 알지 못한다. 비무장지대와 그 인접지역에서 복무하는 군인들도 자기 부대를 벗어날 수 없으므로 광범하고 빼어난 경관을 두루 체험하기 어렵다.

그러나 김대중 대통령과 김정일 국방위원장의 6·15남북공동선언(2000. 6. 15), 노무현 대통령과 김정일 위원장의 남북관계 발전과 평화 번영을 위한 선언(2007. 10. 4) 이래 비무장지대를 평화의 메카로 만들어야 한다는 견해들이 족출하고, 정부의 각 부처들도 경쟁적으로 이 흐름에 가세하여 문자 그대로 백화제방(百花齊放)의 시대를 열고 있다.

즉 DMZ를 세계적인 생태환경의 보고로 유지하고 가꾸자는 운동에 국내에서는 환경부, 행정안전부, 산림청, 국토해양부 등 정부 부처, 강원도, 경기도 등 관련 지자체, 각 대학의 환경관련 연구소, NGO, 예술인, 뜻있는 개인들이 나서고 있으며, 세계적으로는 UNESCO, 국제적인 평화 및 환경단체들이 지대한 관심을 보이거나 동참하고 있다. 그리하여 군사작전이 펼쳐지고 있어 민간인의 출입이 제한되고 있는 DMZ와 그 부근 민간인 통제구역은 대중에게 한 꺼풀씩 벗겨지면서 실체를 드러낸다.

환경부는 2001년 DMZ와 민통지역 전반에 걸친 조사에서 자라고 있는 동식물이 무척 많음을 보여준다. 여기서 서식하는 식물은 보호야생식물인 깽깽이풀, 왕제비꽃, 기생꽃, 삼지구엽초, 왜솜다리요, 곤충은 왕은점표본나비, 큰자색호랑꽃무지 등 보호야생종을 포함한 1,000여 종, 물고기는 어름치, 묵납자루, 열목어 등 법정보호종과 23종의 고유종을 포함한 83종, 조류는 검독수리, 재두루미, 황조롱이 등 법정보호종 28종, 포유류는 산양, 물범, 수달 등 천연기념물 6종과 삵, 대륙목도리담비 등 국제적 보호종 28종이다.

이어서 환경부는 2009년 DMZ 중부지역(철원 역곡천 유역, 김화 남대천 지역 등 11개소) 조사에서 야생 동식물 450종이 서식하고 있음을 알려준다. 그 중에는 참매, 새매, 묵납자루, 삵, 구렁이 등 멸종 위기인 야생동식물 5종, 물억새, 달뿌리풀, 신나무 등이 포함돼 있다.

더 나아가 환경부는 2011년 강원도 화천군 백암산 일대의 민통선 지역 조사에서 멸종위기 1급인 사향노루, 산양, 수달 등 3종, 멸종위기 2급인 담비, 삵을 비롯해 너구리, 오소리, 고라니, 멧토끼, 청설모, 다람쥐, 노루, 족제비, 고슴도치, 동정불가 등이 많이 서식하고 있음을 밝히고 있다. 특히 사향노루는 사향이 사람의 후각을 마비시킬 정도로 강한 향을 뿜고 그 자체가 사람의 몸에 좋다고 알려져 있어 눈을 부릅뜨고 잡으려는 인간들이 적지 않아 멸종위기 중의 1호 동물로 꼽히고 있다. 백암산 일대에서 뛰어다니고 있는 사향노루는 우리나라에 내린 신의 축복의 산물이지만 포살자들의 과녁이 되지 않을까 우려된다.

필자는 앞에서 가곡 '비목'을 인용한 바 있다. 그 가사에 숨어 있는 사병들이 멋모르고 잡아먹은 궁노루(사향노루) 수컷의 죽음을 슬퍼하는 암컷의 애절한 울음이 달빛을 타고 산골짜기로 울려 퍼지는 비통한 여운이 가시지 않는데 그 후손들이 건재하다는 사실은 얼마나 다행한가?

한반도는 작지만 아름답다. '삼천리 금수강산(三千里 錦繡江山)'이란 표현은 진부하지만 핵심을 찌르고 있다. 한반도의 북쪽 끝에서 남쪽 끝까지 3천리, 즉 1천2백여 킬로미터밖에 안 되는 작은 나라, 대륙과 해양의 교차점, 미일중러(美日中露) 등 4대 강국이 호시탐탐 노려 온 이곳은 과연 강과 산이 비단으로 수를 놓듯이 아름답다.

조선시대의 실학자 신경준이 『산경표(山經表)』에서 표기한 백두산에서 지리산까지 올올하고 무쌍하게 뻗어 내린 백두대간, 그것은 민족의 혼이요, 뼈다. 그것은 백두산에선 머리가 되고, 금강산에 이르면 화려한 꽃이 되며, 대관령에 이르면 상반신을 받치는 대퇴부가 되고, 지리산에 이르면 족적을 결산하는 발이 된다.

이 산들이 끼고 있는 무수한 계곡에선 맑은 물이 솟아 백리고 천리고 흘러 바다로 간다. 압록강, 두만강, 청천강, 대동강, 임진강, 한강, 낙동강, 금강, 섬진강, 영산강이 구비치는 곳에 기름진 땅이 펼쳐져 있다. 산과 강이 어우러져 상승작용을 일으키는 작지만 아기자기하며 대자연의 서기(瑞氣)가 응축된 땅이 한반도다.

백두대간 산줄기가 금강산에서 설악산으로 내리 뻗는 도중 북한령 고성군 우산(1,319m)에서 남한령 고성군 간성읍, 수동면과 양구군 서화면을 경계 짓는 향로봉(1,296m) 사이에서 허리가 잘린다. 백두대간 산줄기는 이어지지만 인위적으로 세워진 군사분계선 표지판과 4킬로미터 폭으로 이뤄진 DMZ의 남북단에 철책으로 세워진 남북방 한계선은 사람의 통행을 막을 뿐이다.

군사분계선의 동쪽 끝은 동해를 바라보는 강원도 고성군 현내면 명호리다. 여기서 S자의 꼭지처럼 살짝 휜 분계선은 고성군을 남북한으로 쪼개면서 남강을 따라 남하하여 남한령 고성군, 인제군, 북한령 금강군을 경계 짓는 삼재령에 이른다.

삼재령을 지난 군사분계선은 서쪽으로 방향을 튼 후 소양강의 상류인 인북천을 가로질러 양구군 해안면의 북쪽 경계선을 따라 북한령 금강군 춘양산(1,145m)을 오른쪽으로 거느리면서 달리다가 북한령 금강군, 창도군, 남한령 양구군을 구획하는 거칠봉(1,178m)과 창도군과 양구군의 경계인 어은산(1,277m)을 각각 남북한령으로 반분한다.

이어서 군사분계선은 북한령 임남댐(일명 금강산댐)을 오른쪽으로 보면서 치달다가 철의 삼각지 중의 하나인 김화군을 남북한으로 갈라놓고 왼쪽으로 남한령 김화군의 백암산(1179m), 적근산(1,073m) 등 험준한 산을 거느리면서 치달아 평야로 이뤄진 옛 철원군을 북한령 평강군, 북한령 철원군과 남한령 철원군 등 셋으로 쪼갠 후 강원도의 행장을 마감한다.

군사분계선은 경기도 연천군을 다시 남북한령으로 가르면서 남서진하여 임진강에 이른다. 북한에서 남하하여 한반도의 중서부를 서쪽으로 관통하면서 흘러 한반도 전체의 젖줄인 한강과 합해 강화도로 흐르는 임진강은 통일의 염원을 가득히 안고 완만한 흐름을 오늘도 계속하고 있다.

이 임진강을 가로지른 군사분계선은 남한령 파주시와 북한령 장풍군을 좌우로 바라보면서 진군하여 분단의 핵이요 원형질인 판문점을 지나 몇 차례 반복한 S자형 휨을 마무리하려는 듯 남한령 파주시 군내면과 북한령 개풍군 봉동면 사이로 흐르는 임진강 지류인 사천을 따라 급격하게 남하하여 남한령 파주시 장단면과 북한령 중면을 양쪽에 끼고 임진강에 이르러 155마일의 대장정을 끝낸다.

산과 강, 평야와 내를 지나면서 꿈틀거리는 군사분계선과 그 주변 비무장지대를 남북한 군인들은 소총과 각종 포와 지뢰로 삼엄하게 경계하여 일촉즉발의 위기에 대처하고 있지만 자칫하면 우리 민족을 공멸의 위험으로 빠뜨릴 수 있다. 이러한 의미에서 군사분계선과 DMZ는 화약고요, 재앙의 진원이요, 죽음의 문이다.

그러나 그들의 총구는 사람을 겨냥해서 죽이려 하거나 죽일 뿐 대자연에는 아무런 영향을 주지 못한다. 아니 그 총과 살벌한 눈초리가 인간의 접근을 막아 대자연을 보호하고 육성했다. 그 결과 군사분계선과 DMZ는 생태계의 보고요, 환경의 낙원이요, 세계의 문화유산이다.

한반도의 군사분계선과 DMZ — 이 얼마나 복잡다기(複雜多岐)하고 황홀난측(恍惚難測)한 존재인가.

4. DMZ의 미래

우리가 한반도의 높은 상공 즉 하늘에서 땅을 내려다보면 아름다운 경관이 펼쳐질 뿐 군사분계선과 DMZ는 눈에 들어오지도 않는다. 이 물건들은 인간이 정치적, 군사적으로 설정해 놓은 구획에 지나지 않는다. 이것이 이데올로기가 되고, 장벽이 되고, 마침내 증오심이 되어 사람을 가르고, 피를 뿌리게 하고, 동족과 세계인에게 걱정을 끼친다.

낮은 하늘에서 군사분계선을 자세히 관찰하면 크게 보아 S자형 선이요, DMZ는 S자형 띠다. S는 굴곡이요 부드러움의 상징이다. 이것은 살벌과는 거리가 멀다. 굽고 굽으며 또 다시 굽어 155마일이나 달리는 군사분계선과 DMZ는 생각하고 생각하며 또 다시 생각하고 행동하라는 교훈을 인간에게 준다.

뿐만 아니라 DMZ와 군사분계선은 태극(太極)의 중간 곡선을 닮았다. 나는 여기서 조선민주주의인민공화국의 국기를 폄하하고 대한민국의 태극기를 내세우기 위해서 태극을 말하는 것이 아니다. 동양철학에서 태극(太極)은 무(無)인 무극(无極)에서 유(有)를 배태하고 생성하는 원인이요 동력이다. 태극은 창조에 버금하거나 창조 자체다.

인간을 찌르거나 쏴 죽이고, 폭탄을 터뜨려 날려버리거나, 인간의 사상과 행동을 일도양단으로 평가하고 내치는 것은 직선의 논리다. 직선으로 뻗은 것은 쇠붙이도 잘 부러지고 이데올로기도 편벽되기 쉽다. 그러나 인간을 이해하고, 사랑하고, 이웃과 공존하는 것은 곡선의 논리다. 곡선으로 휘는 것은 사람도 부드럽고 이데올로기도 포용력이 있다. 군사분계선과 DMZ는 곡선의 의미를 되새기게 한다.

한편 무에서 무로 그치는 것은 고정하고 불변하다. 영원히 무로 남아 있는 것은 허하고 공하다. 무가 유로 전환할 때 태극은 그 원인으로서의 존재를 드러낸다. 우리는 태극을 안고 동족상잔의 무(無) 또는 영하(零下)의 잿더미에서 민족공영의 유(有) 또는 지상(至上)의 열매를 창출할 수 있다. 군사분계선과 DMZ는 태극의 원리를 가르쳐 준다.

DMZ를 놓고 안보론과 환경론이 맞서 있다. 전자는 대체로 대한민국의 군인들과 조선민주주의인민공화국의 군인들이 서로 반대 입장에서 안보의 중요성을 일깨우면서 DMZ를 기점으로 상대방을 괴멸시키고 자신의 방향으로 통일하려는 속셈을 함축하고 있다. 후자는 안보론이 엄존하고 그만큼 위험 요소가 상존하는데도 그것을 없는 것인 양 도외시하고 DMZ를 환경의 상징으로 보호하고 세계에 알리기 위해 몰두하고 있다.

그러나 우리는 DMZ를 논할 때 안보론과 환경론 어느 하나를 완전히 배척할 경우 실체에 접근할 수 없다. 안보론과 환경론은 모순되는 듯하지만 공존이 가능하다. 군사분계선과 DMZ가 S자형 곡선과 태극의 모습을 닮은 군사분계선과 DMZ가 안보론과 환경론의 공존과 소통을 예고한다.

우리는 단기적으로는 긴장이 감도는 군사분계선과 DMZ의 현실을 감안할 때 안보론에 관심을 기울여야 하지 않을까? 다만 우리는 이곳에서 상대방을 아와 적의 논리로만 접근할 것이 긴장을 해소하고 민족통일의 3원칙을 달성하는 주체로서 행동할 필요가 있으며, 중장기적으로는 DMZ를 생태계의 보고요, 세계의 문화유산으로 보전하고 가꿔 무에서 유를 창출하고 불행에서 행복을 일굴 필요가 있다.

"자유의 나무는 피를 먹고 자란다"는 말이 있다. 숱한 병사들이 피 흘린 토양에서 숲이 우거지고 짐승들이 뛰어놀고 있으며, 그들이 흘린 피와 땀과 눈물로서 국가는 보위되고 있다. DMZ에 스민 젊은 피는 자유를 위한 보혈이다.

새로운 생명이 어머니의 뱃속에서 태어날 때 진통이 수반되듯 DMZ는 전쟁이라는 고통 끝에 반드시 평화를 출산하리라.

백령도 해안경계.

백령도 해안진지 낙조.

경계근무중인 해병대원들. 김포 애기봉, 1995. 12. 18.

애기봉에서 바라본 임진강과 북한 개풍군 일대, 2003. 12. 11.

애기봉에서 바라본 임진강과 개풍군 일대, 2003. 12. 11.

DMZ 평강고원 일대, 철원, 1984. 6,

DMZ 평강고원 일대, 철원, 1984. 6.

금강산 가던 열차. 연천 철도중단점, 1984. 6.

416

철책 경계, 중부전선, 1988. 6.

백마고지 전흔, 1987. 6. 12.

철의 삼각지대 고라니.

위, 고압전류가 흐르는 철책선. 왼쪽 위·아래, 철의 삼각지대 고라니와 철새.

고압전류가 흐르는 철책선.

강원 고성 통일전망대 철책선.

감호와 해금강.

금강산 낙타봉과 해금강.

서해안 말도의 비무장지대 제1호 푯말.

위·아래, 중동부전선, 대암산, 1983. 12. 3.

중동부산간, 대암산. 1983. 12. 3.

육군3사단 백골부대 끊어진 철길, 1984. 6. 11.

육군3사단 백골부대 끊어진 다리, 1984. 6. 11.

육군6사단 기차 잔해, 1984. 6. 11.

육군3사단 백골부대 이정표, 1984. 6. 11.

사진가 엄상빈이 가본 중동부전선

동부전선, 강원 고성군, 1998. 6.

위·오른쪽, 동부전선. 강원 고성군, 1998. 6.

위·오른쪽, 동부전선. 강원 고성군, 1998. 6.

동부전선. 강원 고성군, 2000. 1.

동부전선. 강원 고성군, 2000. 1.

위 왼쪽, 동부전선. 강원 고성군, 2000. 1.

동부전선. 강원 고성군, 2000. 1.

동부전선, 강원 고성군, 2000. 1.

통일전망대. 강원 고성군, 1998. 6.

통일전망대. 강원 고성군. 1998. 6.

통일전망대. 강원 고성군, 1998. 6.

김봉규 기자가 바라본 분단의 현장

임진각 주변 철조망에 걸어 놓은 태극기와 통일 기원
문구가 적힌 리본. 경기도 파주시 임진각, 2010. 9. 18.

군사용 철책에 통일을 기원하는 문구가 적힌 리본이 가
득 걸려 있다. 경기도 파주시 임진각, 2010. 9. 18.

민족 분단을 상징하는 군사용 철책선은 북한을 마주하
고 있는 비무장지대에만 있는 것이 아니다. 경기도 김
포시 대명포구 부근, 2010. 4. 23.

비무장지대에서는 지뢰밭을 알리는 표식과 철조망을
어렵지 않게 발견할 수가 있다. 강원도 동부전선, 2000.
5. 25.

과거 적 침투사례

1. 침투일시 : 65.8.19 (22:40)
2. 물매 / 물때 : 조금
3. 월영 : 50%
4. 작전결과 : 2명사살, 1명도주

적은 또 이곳을 노리고 있다

북한의 무장간첩이 침투했었다는 붉은색 표지판이 철
책에 붙어 있다. 경기도 김포시 양촌면 누산리 해안가.
2010. 4. 24

도라전망대에서 바라본 북한의 선전마을인 개성지 기
정동 마을. 경기도 파주시 군내면 서부전선, 2000. 6. 11.

최전방 남쪽지역 초소 부근에도 남쪽으로 귀순을 유도
하는 문구가 보인다. 이런 선전문구들은 6·15 남북공
동선언 뒤 대부분 사라졌다. 강원도 동부전선, 2000. 5.
25.

최전방 초소에서 바라본 북쪽지역의 경계초소 부근에
세워 놓은 북한 체제를 찬양하는 선전문구. 강원도 동
부전선, 2000. 5. 25.

건군 50돌 기념 화력통합훈련이 코브라 헬기 등이 동
원된 가운데 진행되고 있다. 경기도 포천 승진훈련장,
1998. 9. 24.

건군 50돌 기념 화력통합훈련, 경기도 포천 승진훈련장,
1998. 9. 24.

북한군·중공군 묘지에서 군인들이 북한군 유해를 땅에
묻고 있다. 경기도 파주시 적성면 답곡리. 2000. 6. 9.

차탄천을 가로막고 있는 대전차 장애물. 이런 흉물스런
시멘트 구조물은 북에서 남쪽으로 내려오는 길목마다
설치되어 있다. 경기도 연천읍 옥산리, 2010. 4. 25.

부산 아시안게임에 참가했던 북한 응원단을 태우고 왔
던 만경봉 2호가 폐회식 후 출항하자 한 실향민이 철조
망 앞에 서서 눈물을 흘리고 있다. 부산 다대포항, 2002.
10. 15.

아시안게임 폐막 직후 떠나가는 만경봉 2호를 향해 한 실향민이 손을 흔들고 있다. 부산 다대포항. 2002. 10. 15.

실향민 한 가족이 망배단에서 북녘에 두고 온 부모님을 생각하며 절을 올리고 있다. 경기도 파주시 임진각. 2007. 10.

이해용 기자가 가본 비무장지대

백령도, 2010. 8.

백령도, 2010. 8.

백령도, 2010. 8.

두 동강난 국토의 허리, 2010. 11.

남과 북이 맞닿은 철원 평야지대. 2009. 9.

겨울의 최전방 고지. 2012. 11.

위, DMZ에 설치한 북한의 선전구호. 오른쪽, 남북한
당국의 합의로 선전벽화와 선전탑을 철거하는 남북한
군인들. 2005. 7.

GOP 야간경계, 2012. 12.

GOP 야간경계, 2012. 12.

위·아래. 고성 동부전선을 위협하는 DMZ 산불을 차단
하기 위해 병사들이 물을 뿌리고 있다. 오른쪽, 지뢰밭
으로 남하한 산불을 진화하는 헬기. 동부전선, 2005. 4.

금강산 가던 길목의 개천, 2010. 10.

경원선 월정리역, 2011. 3.

위, 대전차장애물. 아래, 인부들이 탱크 방호벽을 궁궐 모양으로 리모델링하고 있다. 중부전선, 2006.

정전회담 일지

1950

6. 25 한국전쟁 발발.

1951

6. 23 유엔 주재 소련 대표 말리크 휴전 제의. 미 국 무성, 말리크의 제안 검토 용의 발표. 24일 한 국 정부, 말리크 제안 단호히 거부 성명. 유엔 사무총장, 조속한 한국 휴전 희망 담화. 25일 중국은 말리크 제안 지지 표명.

6. 28 이승만 대통령, 승패 없는 휴전보다 죽음을 택 하겠다고 휴전 반대 성명 발표.

6. 29 유군 총사령관 리지웨이 장군이 원산 앞바다 에 정박중인 덴마크 병원선에서 정전회담을 열자고 제안. 방송이 나간 후 39시간 만에 중 국은 '중공의 소리' 방송으로 수락. 평양방송 도 2시간 후에 보조를 같이하여 리지웨이 장 군의 제안 수락.

7. 1 공산측, 유엔군 총사령부에 보내는 메시지에서 38선 이남인 개성에서 회담할 것을 제안. 7월 3 일, 유엔군사령관 10일 개성 회담 개최 동의.

공산측, 정전회담 장소로 개성을 제안

(동경 2일발 UP 홀브라이트특파원=대한통신)

1951년 7월 2일 중공과 북한 괴뢰측은 한국전쟁 정 전회담 개최에 동의하고 오는 10일부터 15일 사이 에 38선지구 진공지대에서 유엔군 대표와 더불어 회담하기를 제안하였다.

유엔군 총사령관 리지웨이장군의 정전회담 제안은 그것이 방송된 지 39시간 만에 베이징의 '중공의 소 리' 방송으로 수락되었으며, 평양방송도 2시간 후 에 보조를 같이하여 리지웨이 장군 제안을 수락한 다고 방송하였다.

한국 전선의 공산군 사령관들은 유엔군총사령부에 보내는 메시지에서 그들 대표가 38선 이남 3마일 지점인 개성에서 회담하기를 제안하였다.

앞서 리지웨이 유엔군사령관은 원산항의 덴마크 병원선 '유트란티아' 호 선상에서 정전회담을 개최 할 것을 제의했었다. 이곳의 한 당국자는 일반적으 로 유엔측은 38선 경계지구를 정전회담 장소로 정 하는 데 동의를 표하고 있으며, 개최 일시도 기다릴 것 없이 가급적 속히 개최하도록 요청할 가능성이 있다고 하였다. 일부 해외 보도에 의하면 리지웨이 장군은 개성을 정전회담 장소로 결정하는 데 동의 하였다 하나 리지웨이 장군은 워싱턴 당국으로부 터 새로운 지령을 받지 않고서는 회담 장소를 해상 으로부터 육지로 변경함을 수락할 수 없다 한다.

미제8군 사령부는 공산측의 정전회담안 수락에 관련하여 벤플리트 사령관은 공산측의 정전 제안 수락이 보도될 당시 수면중에 있었으며 잠을 깨우지 않았다라는 설명을 발표하였다.

벤플리트 장군은 수차에 걸쳐 군사적 전투 계속에만 책임이 있고, 상부의 명령에 따라 행동할 것이라고 강조한 바 있다.

공산측의 수락 보도가 전해지자 한국 전선은 안도에 가까운 희망이 물결이 휩쓸었다.

피아 쌍방의 전투는 현저히 줄어들고 있으며 일선에서 온 보고는 일선의 비공식 정전이 결정적인 조치를 기다리고 있음을 시사하고 있다.

7. 8 개성에서 정전회담 연락장교회의 개최. 연합군측 연락장교단은 미 공군의 키니 대령, 미 해병대 머레이 대령 및 한국 육군의 이수영 중령 등이며, 통역은 언더우드가 맡았다. 이 예비회담에서 제1차 정식 회담의 개최일자와 장소를 합의하고, 정식 대표 명단을 제출한다.

7.10 제1차 정식 회담 개성에서 개최. 회담은 우선 협의사항을 결정하는 협의에서부터 시작했으나 쌍방간에 17일간이나 격론을 벌인 끝에 7월 26일에야 겨우 타결 짓고 실질적인 회담으로 들어갔다. 그러나 군사경계선 설정 문제에서 쌍방은 강경하게 대립했다. 유엔군측은 휴전 효력이 발생하는 그 순간의 접촉선을 휴전 경계선으로 정해야 된다고 주장했고, 북측은 38선으로 원상 회복해서 경계선을 삼자고 고집했다. 당시 전선은 중부전선이나 동부전선에서 38선을 넘어 연천 철원 양구 인제 간성 북방을 잇는 선까지 유엔군이 올라가 있었다. 북측은 전투에서 잃은 땅을 회담에서 얻어 보자는

속셈이었다. 군사경계선은 유엔군측으로서도 양보할 수 없는 것이어서 연일 입씨름만 되풀이하였다.

개성서 휴전예비회담 개회

(문산에서 조선일보 김창헌 특파원)

만 1년 이상 이 땅에 막심한 타격을 준 한국전쟁을 평화적으로 해결하기 위해 그동안 연합군사령관 리지웨이 장군과 공산국 대표 사이에 수차에 걸친 교섭을 벌인 끝에 드디어 개성에서 휴전예비회담이 8일 개최되었다. 이 예비회담에 참석한 연합군측 연락장교단은 미공군의 키니 대령, 미해병대 머레이 대령 및 한국 육군의 이수영 중령 등이며, 통역으로는 언더우드 등이다.

이들은 정전회담에 대한 소식을 알리려는 수많은 기자들의 질문에는 약간의 미소로 답변을 대신하고, 긴장된 표정으로 2대의 헬리콥터에 분승하여 오전 8시 개성으로 향했다.

그리하여 전 세계의 이목이 집중된 가운데 몇 사람밖에 모르는 이 회담은 얼마나 계속되었는지? 연락장교들은 문산을 출발한 지 8시간이 경과된 오후 4시 40분경 회담을 마치고 역시 긴장한 모습으로 문산에 되돌아왔다. 그들은 회담 내용에 관하여는 일절 언급을 회피하였으나 전하는 말에 의하면 예비회담은 순조로이 진행되었으며 공산군 연락원들은 퍽 온건한 태도로 유엔군 연락장교를 대하였다고 한다. 또한 한 연락장교의 말을 들으면 공산군이 언제나 내걸고 덤비는 김일성과 '스탈린'의 사진은 볼 수 없었다고 한다. 한편 헬리콥터 조종사가 말하는 바에 의하면 우리 연락장교들이 개성에 착륙할 때 우리측은 무장을 하지 않고 있었는데 공산군측은 40명이나 되는 무장군인이 있었고, 그들의 대표는

4대의 소련제 지프와 미국제 지프 한 대를 타고 있었으며, 수명의 사진반원도 있었다고 한다.(조선일보 1951년 7월 10일자)

7. 12 정전회담 공산측의 기자 출입 금지 고집으로 중단.

7. 15 개성회담 재개.

7. 17 국내 각지에서 정전회담 반대 궐기대회.

7. 28 제12차 정전회담 정면충돌 (유엔군은 군사분계선을 현 전선으로 하자 했으며 공산측은 38선 고집)

8. 1 애치슨 미국무장관, 미국은 공산측의 38선 휴전 요구 수락 않는다고 언명.

8. 22 공산측, 미군기의 개성 폭격 항의하며 정전회담 중단 선언.

공산측, 정전회담 결렬선언

(동경 23일발 UP 지급전 = 대한통신)

1951년 8월 23일 개성 정전회담은 공산측으로 말미암아 결렬되었다. 공산측은 정전회담장 개성에 대한 유엔군의 야간 폭격으로 말미암아 지금부터 개성 정전회담은 결렬상태로 들어갔다고 선언하였는데 이에 대하여 유엔군측은 야간 폭격 운운은 날조된 사건이라고 언명하였다. 23일 새벽 2시 공산측의 이와 같은 성명서는 유엔군측에 수교되었다. 한편 유엔군 수석연락장교 키니 대령은 공산측이 제기한 유엔군의 야간 개성 폭격 진상을 조사한 다음, 전체 사건이 하나의 모함임을 역력히 시사하는 증거를 발견하였다고 언명하였다.

9. 6 유엔군측 리지웨이 장군은 정전회담의 정체를 타개하기 위해 회담 장소를 개성에서 다른 곳으로 옮겨 재개할 것을 제의.

9. 24 공산측, 연락장교 예비회담을 수락한다고 리지웨이 유엔군사령관에게 서한.

10. 25 쌍방은 판문점을 회담 당소로 합의하고 제27차 정전회담 재개.

11. 8 유엔 총회에서 비신스키 소련 외상, 한국에서 즉시 휴전하고 10일 안에 양군은 각각 38선으로 철수할 것을 제안.

11. 27 여러 차례의 논의 끝에 현재 접촉선을 휴전선으로 확정하고 남북 각각 2킬로미터 폭의 비무장지대 설정 합의. 현재 접촉선은 30일간 유효의 잠정적 합의였다. 30일 이내에 정전협정이 성립되지 않을 경우에는 다시 실제의 변경된 접촉선을 휴전선으로 결정하기로 했다. 그래서 휴전 후에라도 방어에 유리한 지형을 차지해 놓으려고 적은 간단없이 공격해 왔다. 전선에서는 치열한 전투가 끊이지 않았다. 휴전 감시 문제도 난항이 거듭되었으나 52년 3월 16일 잠정적인 합의에 도달하였다.

12. 11 이날부터 본격적으로 포로교환 문제가 거론되었다. 회담은 북측의 지연작전과 부실한 포로명단 등으로 난항을 거듭했다.

12. 18 오전 회담에서 북측이 포로명부 교환을 결정적으로 수락한 후 오후 3시 회담을 재개한 지 10분 후에 명부의 실제 교환이 이루어졌다. 북측이 넘겨 준 유엔군 포로명부에 의하면 그 총수는 1만 1천 5백59명이며, 그 중 한국인 7천 1백42명과 미군 포로 3천 1백98명이 포함되어 있었다. 유엔군측 명부에는 공산군측 포로 13만 2천4백74명이 수록돼 있었다.

국군 포로수 큰 차이에 불만 고조

(서울 20일자 RP=시사)

서울의 관측통은 정전회담에서 유엔군측이나 공산군측의 타협, 혹은 양보가 없는 한 정전협정의 미해결 의제는 이달 27일까지 합의되지 않을 것이라고 보고 있다. 이 관측통에서는 의제의 제3항목인 휴전 감시문제에 대하여 유엔군 및 공산군 쌍방의 주장에는 근본적인 의견 차이가 있는 것을 지적하고 있다. 다시 유엔군사령부에서도 17일 공산측으로부터 수교된 포로명부를 상세히 검토하고 있기 때문에 제4항목의 포로교환 문제에 대하여 실제로 토의하기 시작할 때까지는 아직 상당한 시일이 요하는 것이라고 보고 있다. 특히 공산측의 포로명부에서는 유엔군의 포로수가 예상 외로 적을 뿐 아니라 특히 한국군의 수가 적기 때문에 유엔측, 특히 한국군은 이에 불만을 표시하고 있다고 강조했다.

1952

1. 3 공산측, 포로교환에 관한 유엔측 제안 거부.
1. 12 비신스키 소련 대표, 유엔 총회서 전 외국군의 한국 철수 주장.
1. 17 유엔, 3개월 안에 전 외국군의 한국 철수를 요구한 소련의 결의안을 42대 7로 부결.
2. 13 정전회담, 협정 조인 후 2개월 내에 포로교환 완료 합의.
4. 13 정전회담 감시위원회 50초에 끝나 기록 수립.
4. 28 남일의 요구로 정전회담 본회의 무기 연기.
5. 2 정전회담 본회의 개최. 일본인 기자 6명 처음으로 정전회담 취재.
5. 7 거제도 포로수용소에서 공산 포로들이 폭동을 일으켰다. 포로들은 포로수용소장 도드 준장을 납치했다. 북측은 미국의 위신을 추락시키고 정전회담에서 유엔군측 교섭 입장을 약화시키는 한편, 유엔군의 전력을 폭동진압과 포로 감시에 분산시킬 목적이었다. 따라서 포로 송환문제는 타협점을 찾지 못하고 난항을 거듭했다.
5. 19 정전회담 대표 조이 제독, 미 해사 교장으로 전임.
6. 21 유엔측, 정전회담서 포로 강제송환 반대.
6. 26 제91차 정전회담 본회의.
10. 8 정전회담 제122차 회의 유엔군측, 회담 중단.
12. 1 정전회담 공산측 대표, 미공군이 순천의 포로 수용소를 폭격했다고 항의.
12. 24 유엔군측 상병포로 즉시 교환하자고 제의.

1953

3. 28 1952년 10월 8일 이후 정전회담이 포로교환 문제로 무기 휴회로 교착상태에 빠졌으나 이날 공산측이 휴전 전이라도 상병포로 교환에 동의하는 동시에 전반적인 포로송환 문제를 다시 다루자고 제의해옴으로써 타개의 실마리가 풀렸다. 김일성은 부상포로 즉시 교환과 판문점에서 정전회담의 재개를 당시 유엔군사령관 클라크 장군에게 서한 형식으로 제의해 왔다.

상병 포로교환
공산측, 판문점회담 재개 요청

(동경 29일발 UP지급전 = 동양)

공산측은 1953년 3월 28일 부상포로 즉시 교환에 동의하는 동시, 판문점에서 정전회담을 재개할 것을 요청하였다. 이는 김일성이 유엔군 총사령관 클라크 장군에게 보낸 서한에서 제의한 것이다. 김일성의 서한은 또한 베이징 방송을 통하여 보도되었는데, 북한 및 중공은 쌍방의 부상 및 질병 포로교환에 있어 유엔군측 제안에 완전 동의하였다고 말하였다.

포로교환 문제는 한국 정전협정을 가로막고 있는 단 하나의 문제로 되어 왔다. 유엔군측 수뇌연락장교 카록크 대령이 기자들에게 말한 바에 의하면, 그는 28일 오후의 연락장교회의에서 이 서한의 사본을 공산군측으로부터 받고 이를 즉시 동경의 클라크 사령부로 전달하였는데, 그 성질상 신문기자에게는 내용을 발표하지 않았다고 한다. 카록크 대령은 그 내용의 중요성은 알고 있었으나 클라크 장군이 이 서한을 보기 이전이라 기자들에게 발표하는 것은 미루었던 것이다.

김일성의 서한 내용은 다음과 같다.

"유엔군사령관 클라크 장군 귀하. 우리는 53월 2월 22일 귀하의 서한을 접수하였습니다. 중상포로와 중병포로를 우선적으로 교환하자는 문제에 관하여는 쌍방 휴전대표가 사실상 한국 정전협정 초안 제53장의 인도주의원칙에 의거하여 합의에 도달하고 있습니다. 한국 휴전 교섭이 정체상태에 돌입하게 된 것은 오로지 이 조항을 이행할 방도가 없었기 때문이었으며 그 결과 지금까지 쌍방의 중병포로와 중상포로의 송환이 불가능하였던 것입니다. 현재 귀측에서 쌍방에 억류되어 있는 부상포로와 질병포로에 대하여 '제네바'협정 조항을 적용할 용의가 있음을 표명하였으므로 우리측에서도 이와 동일한 의도의 표시로 부상포로와 질병포로들을 교환하자는 귀측의 제의에 전적으로 동의하는 바입니다. 이 제안은 '제네바'협정 제 109조에 의거하여 취급되어야 할 것입니다. 동시에 우리측에서는 쌍방의 상병포로 교환문제의 합의적인 해결로 전 포로문제

의 해결도 이루게 될 것이며 한발 더 나아가 전 세계인들이 고대하고 있는 한국 휴전을 성취하게 될 것이라고 생각하고 있습니다. 그러므로 우리측은 쌍방 휴전 대표가 판문점에서 즉시 정전회담을 재개할 것을 제의하는 바입니다. 또한 우리 연락장교들은 정전회담의 재개 일자를 토의, 결정하기 위하여 귀측 연락장교와 회담할 용의를 갖추고 있습니다."

4. 6 유엔군과 공산군측, 이날 아침 포로교환을 위한 예비회담 개최. 쌍방은 휴전 성립 전이라도 우선 상병포로를 서로 송환하자는 데 합의를 보았다.

4. 8 쌍방, 교환할 상병포로 명단 교환, 유엔군측 5,800명, 공산측은 600명을 각각 제시.

휴전 성립 전 상병포로 교환에 합의

(문산 6일발 INS 특전 = 합동)

유엔군 및 공산군측은 6일 아침에 포로교환을 위한 예비회담을 개최, 명확한 진전을 보았다고 한다. 쌍방은 휴전 성립전이라도 우선 상병포로를 서로 송환하자는 데 합의를 보았으나 이에 부가하여 공산군측은 상병의 정도가 경미한 포로들을 중립국에 송환하자고 제의하였다. 유엔군측 대표 다니엘 해군 소장은 쌍방이 어느 정도 수의 상병포로를 판문점에서 직접 송환할 수 있는가를 서로 통지하자고 제의하는 동시에, 유엔군측은 상병포로를 교환할 기관에 대하여 쌍방이 합의를 본 후, 7일 이내에 매일 5백 명씩의 북한 및 중공 상이포로를 송환할 용의가 있다고 말했다.

리상조는 6일 다니엘 소장이 제시한 전제안에 대하여 공산측은 제네바협정 9조 및 110조에 따라 직접

송환하거나 또는 중립국에 수용될 자격이 있는 모든 상병포로는 교환할 용의가 있다고 말하였다.

4. 10 정전회담 연락장교회의 공산측, 본회담 재개를 제의. 공산측 정전회담 대표, 북한에 억류 중인 유엔군 상병포로 명단을 건네 줌. 통일 없는 휴전반대 국민총궐기대회, 부산 충무로 광장에서 거행.

4. 11 정전회담 연락장교회의 상병포로 교환협정 정식 조인. 이대통령 한국군 단독 북진하겠다고 '로이터' 통신 기자의 서면 질의에 답변.

4. 13 변영태 외무장관은 판문점 휴전협상에 과거나 현재에 있어서 한국정부 대표로서 참석한 일은 없다고 전제한 다음, 5천8백만 명의 공산포로를 교환하는 데 있어서도 한국 정부와 상의 없이 하는 것은 한국에 대한 주권 침해라고 지적.

4. 20 판문점에서 상병포로 교환 개시

4. 22 이날부터 24일까지 '북진 통일 없는 휴전'을 반대하는 국민총궐기대회가 전국 방방곡곡에서 열었다. 특히 부산의 궐기대회는 1백여 명의 국회의원과 각 정당, 사회단체, 일반인 등 수만 명이 운집한 가운데 충무로 광장에서 거행되었다.

4. 26 상병포로 교환이 실현되자 6개월 이상의 휴회에서 벗어나 정전회담 재개. 이 자리에 공산측은 한국전쟁 종식에 대한 6개안을 제시했다.

유엔군 상병포로 6백84명

(문산 26일발 UP = 동양)

한국 휴전 본회의는 53년 4월 26일 판문점에서 개최하는데 유엔군 및 공산국 양측은 현재 진행 중에 있는 상병포로 교환의 계속과 그 범위 확대에 관한 특정 제안을 하기 전에 우선, 휴전 본회의 재개에 대한 결과를 기다리고 있는 것으로 보인다. 한 미군 장교는 이에 관하여 만일 휴전 합의가 조속한 시일 내에 성립된다면 더 많은 숫자의 상병포로 교환을 위하여 새로운 합의를 성립시킬 필요성이 없을 것이라도 말하였다.

공산측은 25일 상병포로 교환을 계속하자는 유엔군 제안에 준해서 사실상 행동하기 시작하였다. 즉 공산측은 25일 교환에서 한국군 75명과 미군 17명, 영국군 4명 및 터키군 4명을 송환하였는데, 이로써 교환된 유엔군 상병포로는 2백 명에 달하였으며, 이 숫자는 공산측이 최초로 약속했던 숫자보다 45명을 초과하는 것이다.

26일 오전 공산측은 13명 미군과 71명의 한국군을 더 송환할 것인데 이로써 송환된 유엔군 상병포로의 총수는 6백 84명이 될 것이다. 이 숫자는 본래 예정되었던 유엔군 상병포로 귀한 숫자를 79명 초과하는 것인데 이 79명의 추가 숫자는 미군 29명, 한국군 21명, 영국군 12명 터키군 8명, 호주군 4명 및 콜롬비아군 5명으로 되어 있다. 유엔군측도 공산군측에 대응하여 추가적으로 공산군 상병포로를 송환할 것을 약속하였는데 추가될 숫자는 발표되지 않고 있다.

유엔군 및 공산군측 고위사령부에서는 이미 상호간에 교환된 문서를 통해서 포로교환 문제의 지체를 타개하는 방안에 합의하였는데, 그것은 송환을 원하지 않는 포로는 휴전 후 중립국 관리로 이관할 것이며 기타 포로는 수시로 교환하기로 한 것이다.

정전회담 3대 난관에 봉착

(판문점 27일발 AP = 합동)

1953년 4월 26일 쌍방 정전회담 본회의 대표들은 이미 회의 석상에 제출된 각자의 제안을 다시 한 번 엄밀히 검토할 것을 강조하면서 회담장을 나섰다. 그런데 현재 쌍방간에 견해 차이를 보이고 있는 3대 난관은 다음과 같다.

(1) 송환 불원의 포로를 관리하기 위한 중립국 지명 문제로서 유엔군사령부는 스웨덴을 지명하였는데 공산군측은 좀더 이 문제를 검토하자고 제의하였다.

(2) 휴전 후 송환 불원 포로의 운명을 결정하는 데 소요될 시일 문제에 대해 유엔군사령부에서는 휴전 후 2개월 이내에 이들 포로의 운명을 결정하자고 제안하고 이으며, 공산측은 6개월을 주장하고 있다.

(3) 송환 불원 포로들의 운명이 결정되는 동안 이 포로들이 있을 장소문제에 대해 유엔군측은 이들을 한국에 잔류시키면서 스웨덴 관리에 맡기자고 주장하고 있는 반면에 공산측은 이 포로들은 중립국에 이관하여야 한다고 주장하고 있다.

26일 1시간 11분에 걸친 본회의에서 쌍방대표들은 견해 차이로 합의점을 발견치 못했다. 그러나 쌍방간의 견해 차이는 아직도 협상과 타협의 여유가 충분히 남아 있다.

남일은 26일 본회의 서두에서 한국전쟁을 종결시키기 위한 휴전회의 재개의 시간은 바야흐로 성숙되었다고 말하였다. 이어 남일은 전 세계의 휴전을 갈망하고 있으며 쌍방대표가 서로 협의와 타협을 통하여 휴전의 유일한 난관인 전 포로교환 문제가 해결될 것으로 믿는다고 말하였다. 해리슨 유엔군측 수석대표는 남일의 연설을 다 들은 후에 "귀측의 해명은 우리가 생각하고 있는 건설적인 협상 기조를 하나도 제시하지 못하였다"라고만 하였다. 그런데 유엔군측은 본회의가 시작되기 전에도 공산군측에 대하여 서면으로서 그들이 건설적인 제안을 하지 않는다면 본회담을 재차 중단하겠다고 통고한 바 있었다.

4. 29 이승만 대통령은 오전 10시 경무대 관저에서 기자단과 회견하고 휴전문제에 언급하여 중공군을 격퇴시켜야 한다고 전제한 다음 "귀국을 원치 않는 중공군 포로의 제3국 이송관리는 상관하지 않으나, 북한 출신 포로는 한국 이외의 어떠한 제3국 이송 관리도 절대 반대하는 바이다"라고 언명하였다.

6. 8 쌍방은 타협을 거듭하여 반공포로들을 인도군에 맡겨서 교환한다는 반공포로 처리에 관한 협정 조인.

6. 13 정전회담 양군 참모장교들, 군사분계선 및 정전협정 세목의 최종 검토 논의.

6. 18 이승만 대통령 2만 5천 명의 반공포로 전격 석방. 이로 인하여 정전회담은 한때 결렬될 듯 했으며, 북한은 석방 포로를 즉각 재수용할 것을 요구했지만 이대통령은 단호히 거절했다.

7. 6 유엔군 참전 16개국 대표, 한국 휴전을 지키기로 합의.

7. 10 반공포로 석방으로 한때 결렬 위기에까지 몰렸던 휴전협상을 재개했다. 그러나 양측은 입씨름을 계속 답보하다가 7월 19일 공산측이 탈출 포로에 대한 종전의 주장을 철회함으로써 돌파구를 찾았다.

7. 17 공산측이 휴전협상을 빠른 시일 안에 종결짓자고 제의해 옴.

7. 20 정전회담 번역관회의 개최.

7. 21 정전회담 연락장교회의 비밀회의 속개.

7. 23 반공포로를 중립국 송환위원단에 인계하자는 합의. 그리고 공산군의 최종 공세로 변경된 전선에 따라 비무장지대를 책정하는 실무 작업이 진행되었으며, 쌍방이 정전협정 문서에 서명하고 나서 12시간 후에 전선에서 교전을 중지하기로 합의.

7. 24 아이젠하워 미 대통령 클라크 유엔군사령관에게 정전협정 조인의 최종적 권한을 부여.

7. 26 정전회담 연락장교회의 심야까지 계속. 클라크 사령관, 양군 최고 사령관은 쌍방 수석대표에 대하여 27일 오전 10시 판문점에서 정전협정에 조인할 권한을 부여할 것을 동의. 테일러 8군사령관, 오후 3시 36분 이대통령에게 정전협정의 성립을 통고, 클라크 유엔군사령관, 서울 도착, "한국의 휴전은 항구적 세계평화의 발단이 될 것"이라고 성명. 판문점의 정전협정 조인식에 출석할 유엔 각국 대표, 도쿄 출발.

7. 27 오전 10시 판문점에서 유엔군 대표 해리슨 중장과 남일 공산군 대표가 정전협정 문서에 서명했다. 정전회담 한국군 대표 최덕신 소장은 5월 25일 이래 회담에 참석하지 않았다가 이날에는 참석하였으나 끝내 서명을 하지 않았다. 이날 22시부터 정전협정 발효. 전전선 오후 10시를 기해 전투 중지. 클라크 사령관, 브릭스 미대사, 테일러 8군 사령관 오전 8시 30분 이대통령 방문. 김일성 오전 10시 평양에서 정전협정 전문에 정식 서명. 테일러 8군 사령관 9개 국어 방송으로 오후 10시에 휴전 메시지 발표, 정전 조인은 적대행위 정지. 이대통령, 정전 조인에 성명 발표, "통일 목표는 기어코 성취될 것"이라고 강조. 아이젠하워 미

대통령, 한국 정전협정 성립에 관해 전국민에 방송, "한국 휴전 결과는 오직 용기와 희생만이 자유를 수호할 수 있음"을 입증한다고. 유엔군사령부, 군사경계선 발표.

'기이한 전쟁'의 종막다운 휴전 조인식

(판문점 휴전 조인식장 조선일보 최병우 특파원)

백일몽과 같은 11분간의 정전협정 조인식은 모든 것이 상징적이었다. 더구나 우리 한국으로서는 너무도 비극적이었다. 학교 강당 크기만한 조인식장에 할당된 한국인 기자석은 오직 둘뿐이었다. 유엔 측 기자만 하여도 약 1백 명이 되고 참전하지도 않은 일본인 기자석도 10개가 넘는데 정전회담에 한국을 공적으로 대표하는 군 장교는 한 사람도 볼 수 없었다. 이리하여 한국의 운명은 또 한 번 한국인의 참여 없이 결정되는 것이다.

27일 오전 10시 정각, 동편, 입구로부터 유엔측 수석대표 해리슨 장군 이하 대표 4명이 입장하고 그와 거의 동시에 서편 입구에서 공산측 수석대표 남일이 들어와 착석하였다.

쌍방 대표 사이에는 악수도 없고 목례도 없다. '기이한 전쟁'의 종막다운 기이한 장면이었다.

북쪽을 향해 나란히 배치된 두 개의 탁자 위에 놓여진 각 18통의 협정문서에 쌍방의 대표는 무표정으로 사무적인 서명을 계속할 뿐이었다. 당구대같이 파란 융단으로 덮인 두 개의 탁자 위에는 유엔기와 공산기가 꽂혀 있다. 이 기 너머로 정전회담 대표들은 2년 이상을 두고 총 1천 시간에 가까운 격렬한 논쟁을 거듭하여 온 것이다. 한국어·영어·중국어의 세 가지 말로 된 협정문서 정본 9통, 부본 9통에 각각 서명을 마치자 쌍방의 선임장교가 그것을 상대편에게 준다. 그러면 상대편 대표가 서명한 밑에

이쪽 이름을 써 넣는다.

T자형으로 된 220평의 조인식 건물 동쪽에는 참전 유엔군 13개국의 군사대표들이 일렬로 착석하고 있으며 그 뒤에 참모장교와 기자들이 자리 잡고 있다. 서편에는 북괴와 중공군 장교단체가 정연하게 착석하여 조인 광경을 주목하고 있다. 조인이 계속되고 있는 동안 유엔군 전폭기가 바로 공산국 진지에 쏟고 있는 포탄의 작렬음이 긴장된 식장의 공기를 흔들었다. 원수끼리의 증오에 찬 '정략결혼식'은 서로 동석하고 있는 것조차 불쾌하다는 듯 또 빨리 억지로 강요된 의무를 끝까지 마치고 싶다는 듯이 진행되었다. 해리슨 장군과 남일은 쉴 새 없이 펜을 움직였다. 이것은 언제까지나 '정전'이지 '평화'가 아니라는 것을 단적으로 말해 주었다.

금으로 표제를 박은 협정부 3권이 퍽 크게 느껴진다. 그 속에 우리가 그리지도 않은 분할선이 우리 강토를 종횡으로 그려 놓았을 것이다. 기자는 지금 내가 앉아 있는 이곳이 우리나라인가 하는 의아심이 생겼다.

10시 10분 정각, 조인을 마친 해리슨과 남일은 마치 최후통첩을 내던지고 퇴장하듯 대표들을 데리고 획 나가 버렸다. 남일은 가슴에 훈장 대여섯 개를 달고 있는데 반해 해리슨 장군은 앞이 젖혀진 가벼운 여름 군복 차림이라는 것이 다를 뿐이었다. 관례적인 합동 기념촬영도 없이 참석자들은 헤어져 버렸다.

참고문헌

■ 단행본(한국)

K. S. 티마야(라윤도 역), 『판문점 일기』, 서울, 소나무, 1993

강원발전연구원, 『DMZ 평화적 이용방안 : 비판적 고찰과 실천적 추진방안』, 춘천, 2008

경기개발연구원, 『살아있는 생태·문화 박물관 DMZ』, 수원, 2008

고상만, 『그날 공동경비구역에서는 무슨 일이 있었나?』, 고양, 책으로 여는 세상, 2011

국방부 전사편찬위원회, 『한국전쟁사 7』, 서울, 1972

국방부 전사편찬위원회, 『한국전쟁사 8』, 서울, 1972

김석영, 『판문점 20년』, 서울, 진명문화사, 1973

김학준, 『한국전쟁』, 서울, 박영사, 1989

미 해외참전용사협회 편(박동찬·이주영 역), 『한국전쟁 1』, 서울, 눈빛, 2010

박영석, 최수현, 『DMZ 비극의 중심에서 희망을 보다』, 서울, 조선일보사, 2011

박희도, 『돌아오지 않는 다리에 서다』, 서울, 샘터, 1988

백선엽, 『6·25 한국전쟁 회고록 : 군과 나』, 서울, 대륙연구소 출판부, 1989

육군본부 정보참모부, 『판문점(상하)』, 서울, 1972

이문항, 『JSA-판문점(1953-1994)』, 서울, 소화, 2001

이종창, 『땅굴탐사 33년 총정리』, 서울, 들숨날숨, 2008

이미일 외, 『한국전쟁 납북사건 사료집 1』, 서울, 한국전쟁 납북사건자료원, 2006

이미일 외, 『한국전쟁 납북사건 사료집 2』, 서울, 한국전쟁 납북사건자료원, 2009

이인모, 『이인모, 전 인민군 종군기자 수기』, 서울, 말, 1992

이태호, 『압록강변의 겨울-남북 요인들의 삶과 통일의 한』, 서울, 다섯수레, 1991

임수경, 『어머니, 하나된 조국에 살고 싶어요-임수경 옥중 방북백서』, 서울, 돌베개, 1990

장승재, 『판문점 리포트』, 서울, 삶과 꿈, 2003

전쟁기념사업회, 『한국전쟁사 1』, 서울, 행림출판, 1992

정일권, 『전쟁과 휴전』, 서울, 동아일보사, 1985

조갑제, 『이수근은 역시 간첩이 아니었다!-조갑제 기자의 20년 추적기』, 서울, 조갑제닷컴, 2009

조규하 외, 『남북의 대화』, 서울, 한얼문고, 1972

주성일, 『DMZ의 봄 : 비무장지대 인민군 병사의 수기』, 서울, 시대정신, 2004

통일부 통일교육원, 『미래를 위해 남겨 놓은 과거 DMZ』, 서울, 2010

관우회, 『판문점』 창간호, 서울, 1969

합동참모본부, 『한국전사』, 서울, 1984

환경부, 『DMZ 생태·환경공원 조성을 위한 기본계획 수립 연구』, 서울, 2009

黒田勝弘(이정윤 역), 『'판문점이 벽'은 무너질까』, 서울, 청계연구소, 1990

■ 단행본(외국)

James A. Field, jr. *History of United Naval Operations : Korea*, Washington, DC, US Government Printing Office, 1962

Joseph C. Goulden, *Korea : The Untold Story of the War*, NY, Times Books, 1982

軍事科學院軍事歷史研究部, 『中國人民支援軍抗美援朝戰史』, 北京, 軍事科學出版社, 1988

金日成, 『朝鮮革命と祖國統一』, 東京, 未來社, 1970

紫成文 主編, 『板門店談判紀實 : 紀念中華人民志愿軍赴朝參戰五十周年文集』, 北京, 時事出版社, 2000

리인모, 『신념과 나의 한 생 : 장편 회상록』, 평양, 문학예술출판사, 주체92(2003)

리인모, 『운명의 태양』, 평양, 평양출판사, 주체92(2003)

림수경, 『어머니, 하나된 조국에 살고 싶어요-림수경 항소 이유서』, 평양, 평양출판사, 주체80(1991)

■ 기고문(한국)

Zwack, Peter B, Observations from an American Army Officer Serving in south korea, 『군사논단』, 2001. 4, pp. 87-90

강영수, 판문점에서의 북괴 난동 : 그 저의는 어디에 있는가, 『국회보』, 1970. 11, pp. 68-71

강응찬, 판문점 관할 주한미군 유엔사, 『말』, 1989. 9, pp. 54-56

謙田光登, 판문점의 북한 기자들, 『국제문제』, 1979. 8, pp. 108-118

구종서, 판문점 30년, 『신동아』, 1984. 7, pp. 390-414

국방홍보원 편, 분단의 어둠이 쓸고 간 그곳 생명과 평화의 온기를, 『국방저널』, 2010. 5, pp. 40-43

국방홍보원, 우리의 군사동맹 지금보다 더 강한 적이 없다, 『국방저널』, 2010. 8, pp. 12-13

권영기, "자살이 확실하다면 이를 받아들일 용기와 이성도 있다" : 판문점 의문사

김훈 중위 아버지 김척 예비역 중장 인터뷰, 『월간조선』, 1999. 1, pp. 237-246

권영성, 문익환 임수경은 왜 생겨나는가, 『신동아』 1989. 12, pp. 168-176

금기연, 판문점 장성급회담의 실제, 『군사』, 2003. 8, pp. 1-41

김강년, 북한의 정전협정 파기공세, 『군사논단』, 1996. 7, pp. 218-226

김동규, 한반도 비무장지대의 평화적 이용에 관한 연구, 『지역개발연구』, 2000. 10, pp. 221-249

김명기, 정전협정에서의 평화협정으로의 문제 판문점, 『북한』, 1989. 7, pp. 44-55

김문, 북한군 'DMZ 출몰' 서부전선을 가다, 『뉴스피플』, 1995. 5. 25, pp. 62-63

김범수, 통일 대비 DMZ 활용방안에 관한 소고, 춘천, 강원발전연구원, 2009

김병대, 남북 간 소통의 공간 판문점, 통일부, 2011

김석환, 민족 분단의 상징 판문점, 『월간중앙』, 1988. 9, pp. 388-391

김영봉, 비무장지대의 평화적 활용, 『국토』, 2004. 11, pp. 17-25

김은지, 화해·협력의 한마당 기대 : 분단의 역사가 증언하는 판문점의 어제와 오늘, 『국방저널』, 2005. 7, pp. 18-19

김정우, 남파공작원 출신 김동식의 박사논문에 공개된 북한 대남공작 비화, 『월간조선』, 2013. 3, pp. 184-192

김종두, 유린당한 DMZ 안전핀 뽑힌 한반도, 『뉴스메이커』,

1996. 4. 18, pp. 8-12

김진복, 8·18 판문점사건과 우리의 자세, 『입법조사월보』, 1976. 10/11, pp. 3-8

김집, '피의 1968년'과 설전의 현장 판문점, 『북한』, 1985. 8, pp. 106-111

김집, 통일염원이 서린 판문점 36년사, 『북한』, 1989. 7, pp. 56-62

김창환, DMZ의 공간적 범위에 관한 연구, 『한국지역지리학회지』, 2007. 8, pp. 454-460

문규현, 문신부의 고해성사 "나는 왜 평양에 갔나", 『말』 1989. 9, pp. 70-73

문도빈, 8·18 판문점 살인만행사건, 『시사』, 1979. 8, pp. 65-72

문순보, 1976년 판문점 도끼만행사건의 국제적 배경과 함의, 『시대정신』, 2009. 여름, pp. 236-261

문순보, 데탕트의 쇠퇴와 남북미 관계의 동학 : 판문점 도끼만행사건을 중심으로, 『군사』, 2010. 9, pp. 265-294

문화공보부, 판문점 제3땅굴, 북괴 무력남침의 증거, 『조달』, 1978. 12, pp. 39-45

민족통일촉진회, DMZ 남북 관할지역 설정 5개항 합의, 『민족통일』, 2000. 12, pp. 11-15

민주평화통일자문회의 사무처, DMZ 자연생태 보존 및 평화적 이용방안, 『통일논의 리뷰』, 2005. 3/4, pp. 118-121

박보영, 민족분단의 현장 판문점, 『통일로』, 1994. 7, pp. 70-81

박은진, DMZ 보전 패러다임이 전환, 『경기논단』, 2008 봄, pp. 129-146

박준규, 판문점사태 이후의 한반도, 『신동아』, 1976. 11, pp. 122-128

박호섭, 위기 시 미국의 대북한 협상행태 : 푸에블로호 납치사건과 판문점 도끼만행사건을 중심으로, 『해양전략』, 2003. 12, pp. 173-192

박홍원, 판문점 15년, 『신동아』, 1968. 4, pp. 170-183

배명오, 판문점 분할경비의 문제점, 『정훈』, 1976. 10, pp. 71-77

배명오, 정전회담에서의 북한측 태도, 『국제문제』, 1979. 4, pp. 36-46

배연해·김명오, 한 울타리 두 체제 : 침묵의 땅 판문점 공동경비구역, 『주간한국』, 2000. 11. 23, pp. 10-12

블랑쉐, 앙드레(김화영 역), 평양의 단층-판문점, 여기 사상 최장의 휴전이 졸고 있다, 『세대』, 1963. 10, pp. 282-288

사카다 세이이치로, 푸에블로호 사건, 『극동문제』, 1995. 9, pp. 100-104

손홍걸·이주택·강부봉·박기석, 공격작전 간 북한군 복합
장애물지대 극복방안, 『군사평론』, 2009. 8, pp. 233-265
신순범, 판문점에 다녀와서 : 남북 국회 예비회담 대표로,
『정우』, 1985. 8, pp.74-75
신원재, DMZ 내 환경친화적 공사 추진방안, 『육군』, 2004.
5/6, pp. 98-103
신혜원 정리, DMZ 인접지역의 지리공원 조성, 『국토』,
2010. 11. pp. 192-195
여영무, 국제정치 질서의 맥박, 판문점, 『북한』, 1989. 7,
pp. 36-43
여영무, 북의 상호 핵사찰 거부와 DMZ 침투, 『통일한국』,
1992. 7, pp. 30-33
유양우, 판문점의 휴전 전야 700일, 『북한』, 1985. 7, pp.
167-184
유용원, DMZ의 붉은 구름, 『주간조선』, 1996. 4. 18, pp.
8-22
윤주석, 분단의 현장을 가다, 『통일』, 1981. 10, pp. 76-78
이경남, 판문점 : 도큐멘터리, 『세대』, 1972. 7, pp. 286-309
이기봉, 북으로 보낸 이인모의 정체, 『월간중앙』, 1995. 3,
pp. 286-297
이도형, 사격중지, 판문점 36년, 『월간조선』, 1989. 7, pp.
434-453
이성봉, 북한과 미국의 위기 사태 시 대응 전략, 『신아세
아』, 2009. 겨울, pp. 114-138
이승희, 종말 없는 대화장 : 판문점 주변의 낙수, 『미사일』,
1962, pp. 11-13
이원형, 철통 JSA 경비대대, 『월간중앙』, 2007. 8, pp. 61-65
이인모, '인민군 종군기자' 34년의 통한, 『말』, 1989. 4, pp.
34-35
이찬구, 판문점사건과 안보의식, 『국제문제』, 1976. 10, pp.
53-58
인민군 판문점 대표부, 북미 간 평화협정 체결 요구, 통일부
북한자료센터, 2008
인민군 판문점 대표부, 주한미군 관련 담화 발표, 통일부 북
한자료센터, 2008
장국진, 비무장지대 43년의 회고, 『군사논단』, 1996. 10,
pp. 256-265
전영재, 아주 특별한 땅, DMZ의 생명문화재(상), 『통일로』,
2006. 3, pp. 64-73
정기열, "평화협정 관계당사국 물밑대화 진행 중" : 셸릭 해
리슨의 판문점사태 진단, 『말』, 1996. 5, pp. 68-73
정상현, '판문점 방북길'도 열렸다 : 다시 시작되는 남북한
상호방문, 그 의미와 전망, 『통일한국』, 1998. 6, pp. 72-

정성윤, 1차 사료를 통한 미북 간 협상과정 분석-1968년
북한의 푸에블로호 나포사건을 중심으로, 『전략연구』,
2008, pp. 164-203
정일용, 김정일의 거침없는 통일공세, 『한겨레21』, 2000. 8.
24, pp. 24-25
정희상, "판문점 경비 한국군 일부, 북측과 몰래 접촉", 『시
사저널』, 1998. 12. 17, pp. 16-20
제성호, DMZ의 평화적 이용과 인권, 『통일문제연구』, 2012
상반기, pp. 117-152
제성호, 한반도 아직도 전쟁 중-정전회담, 45년의 굴곡과 변
화전망, 『자유공론』, 1998, 7, pp. 104-116
제임스 리, 멀고 험한 길, 판문점의 한국화, 『신동아』, 1998.
3, pp. 418-433
제임스 리, DMZ는 없다, 『신동아』, 1997. 12, pp. 332-345
조신, 꽉 닫힌 분단의 상징에서 세계 평화의 생태공원으로,
『주간한국』, 2005. 8. 30, pp. 18-19
죠셉 R. 베네로소, 공산주의자인가 선각자인가 : 미국인 신
부가 본 평양의 문신부, 『말』, 1989. 9, pp. 66-69
죠이, 판문점 정전회담의 내막, 『신천지』, pp. 82-103
정민, 임수경 북한대행진 동행기, 『말』, 1989. 9, pp. 46-53
진성규, 뒤틀리는 고향방문과 이인모 문제, 『동화』, 1992.
8, pp. 76-83
진필식, 중정, 이례적 협조요청…책임전가 의심…홍콩 날
아가 정부 설득…이수근 체포해, 『주간조선』, 2002. 7. 4,
pp. 40-41
최진섭, '통일의 꽃' 임수경의 스무살, 『말』, 1989. 8, pp. 42-
47
최진이, 이북을 설레게 한 임수경·이인모의 평양행, 『월간
중앙』, 2001. 4, pp. 308-319
편집자, 푸에블로호의 피랍 경위-미국 상원 군사위 비공개
청문회 기록, 『신동아』, 1968. 8, pp. 76-86
편집자, 판문점사건에 관한 미의회 청문록, 『북한』, 1976.
10, pp. 61-70
편집자, "술 시계 주고 한국 병사 포섭했다", 『시사저널』,
1998. 12. 17, pp. 22-23
통일부, 제1차 남북장관급 회담 공동보도문, 2000. 7. 31
함광복, DMZ는 허브다, 춘천, 강원발전연구원, 2007
홍석률, 1976년 판문점 도끼 살해사건과 한반도 위기, 『정
신문화연구』, 2005. 겨울, pp. 271-299
홍석률, 위기 속의 정전협정 : 푸에블로호 사건과 판문점 도
끼살해 사건, 『역사비평』, 2003. 여름, pp. 57-76
환경부 국립환경과학원, DMZ 이어 민통선도 멸종위기 1급

사향노루 서식 확인, 과천, 2011

환경부, 비무장지대 생태계 가치 새롭게 발견, 과천, 2009

환경부, DMZ 생태·평화적 관리 국제컨퍼런스 개최 결과, 과천, 2010

환경부, DMZ의 생태·환경 가치, 세계에 알린다, 과천, 2011

■ 기고문(외국)

U.S. Department of State, Statement at the DMZ, Washington, DC, 2010

Jeffrey Miller, Book Review on Wayne A. Kirkbride's DMZ : A Story of the Panmunjom Axe Murder, Korea Observer, Autumn 2001, pp. 477-480

■ 온라인(한국)

남북회담본부, http://dialogue.unikorea.go.kr

유용원, 유용원의 군사세계 http://bemil.chosun.com

이태호, 『두더지-강철의 대남 테러 공작』(eBook), 서울, 교보문고 퍼플, 2012

■ 온라인(외국)

FAS(미과학자협회), http://www.fas.org(이 홈페이지 1999. 9. 12자에 처음으로 공개된 미 국방부의 1997년판 『북한 핸드북』 참조)